CUANDO YA NO SABEMOS ORAR

NUEVA ALIANZA MINOR

47

RÉMI-MICHEL MARIN-LAMELLET

CUANDO YA NO SABEMOS ORAR

LA VOZ DE LOS OCÉANOS

EDICIONES SÍGUEME
SALAMANCA
2025

Imagen de cubierta: Willem Witsen, *Landschap met een boerderij in de schemering* (entre 1884 y 1887), y de las guardas: Arthur Bowen Davies, *Landscape with Clouds*

Tradujo Mercedes Huarte Luxán del original francés
Comme la voix des océans. Quand nous ne savons plus prier

© Les Éditions du Cerf, 2024
© Ediciones Sígueme S.A.U., 2025
C/ García Tejado, 23-27 - 37007 Salamanca / España
Tlf.: (+34) 923 218 203 - ediciones@sigueme.es
www.sigueme.es

ISBN: 978-84-301-2280-6
Depósito legal: S. 345-2025
Impreso en España / Unión Europea
Imprenta Kadmos, Salamanca

Buenas tardes,

Con frecuencia
se me pasan cosas por la cabeza
y me digo: ¿y si se las confiara a Dios?

No lo consigo.

Me digo: nadie me oye,
esto es ridículo,
hablo en el vacío.

Al mismo tiempo, creo en Dios.

Pero todo esto es tan complicado…
Envidio a los que saben rezar.

Siento mucho
compartir todo esto con usted
cuando no nos conocemos
y usted no me ha preguntado nada.

Mensaje recibido
el 13 de noviembre de 2013,
a las 19:14 horas

Mi alma y mi corazón están gastados:
pero la roca de mi corazón es Dios
por siempre.

(Salmo 72)

ALGUNAS PALABRAS PARA COMENZAR

Existe un cansancio que no es corporal. Otro, por el contrario, el cansancio bueno, el de una larga caminata a través de la montaña, es benéfico y permite dormir. Hay un cansancio que procede *de una carne y un corazón gastados*, como un cuero demasiado viejo, difícil de doblar. No es aversión ni desinterés, es falta de fuerzas. Seguimos haciendo lo necesario para vivir, pero las cosas más simples son las que más nos pesan. Es agua estancada sobre un tejado. Es nuestra vida espiritual. Nos acecha el abatimiento y una voz nos murmura al oído lo que ya repetía a Moisés: *Te vas a agotar por completo, y también el pueblo que está contigo. La tarea es demasiado pesada para ti, no puedes realizarla solo* (Éxodo 18, 18).

Cuando entré en la vida religiosa me sorprendió que hubiera días en los que no conseguía rezar. Yo creía que, al actuar la gracia, una vida consagrada era una vida perfecta de ferviente oración. En realidad, hay muchos oficios litúrgicos y misas en los que la bendición final me hace volver en mí. Yo estaba allí, pero estaba lejos. Hice todo lo que había que hacer, pero estaba ausente. Me dejé llevar. Toda mi vida está reglamentada en torno a la oración, se hace todo para favorecerla... y he fracasado en cumplir aquello a lo que estoy dedicado.

Hay momentos de gracia, por supuesto, sobre todo los retiros que realizamos a lo largo del año. Por ejemplo, desde que vivo en Suiza intento ir, como mínimo una vez al mes, al convento de nuestras hermanas dominicas de Estavayer-le-Lac. Cada media hora sale un tren desde Friburgo. El sábado me levanto pronto y desayuno en silencio; salgo, las calles están todavía tranquilas, hay poca gente en la estación. Durante una media hora, en un vagón desierto, cruzo los campos verdes del cantón. Vacas, granjas, más vacas y largas franjas de bosque. En primavera todo está cubierto de dientes de león. Llego a la estación de Estavayer. Camino cinco minutos hasta llegar al monasterio. Me reciben las hermanas, conversamos y luego me dejan una habitación para ese día. Participo en sus oficios litúrgicos sentado en uno de los duros banquitos que utilizan, aunque a mí me ofrecen un pequeño cojín que atempera la incomodidad. Sus plegarias acompasan la trayectoria del sol. A mediodía, almuerzo con ellas en silencio, mientras escuchamos una lectura espiritual. Duermo la siesta. Leo. Escribo. En ocasiones, las ayudo con el jardín; en otras, aprovecho para dar un paseo por la orilla del lago de Neuchâtel. Dios está allí en todas partes. Recupero la paz y la oración sencilla del corazón. Cuando atardece me marcho para llegar a tiempo a la cena con los hermanos. Ha sido un día con Él.

Es bonito. Y también preocupante si estos momentos excepcionales no sirven más que para tomar una bocanada de aire fresco y volver luego a caer en el día a día. ¿Tendré que ir toda mi vida de retiro en retiro para encontrar a Dios? ¿Qué pasa con todos aquellos que no tienen esta oportunidad, los que no pueden refugiarse con regularidad en un monasterio?

Recuerdo a un grupito de personas que había en un monasterio, al final de una avenida de abedules. Un militar, con sus muchas guerras. Una mujer, madre soltera, y con ella el país que había abandonado. Una mujer y su cáncer. Algunos más. Me hallaba ante *carnes y corazones gastados*... Estaban ahí, y yo debía hablarles de la oración y de Dios, esa *roca de mi corazón*, como escribe el salmista. Si supierais lo *dura* que puede ser esta roca... Hay días en que os encontráis frente a un muro: esas personas están allí para escucharos, pero no pueden añadir un peso más sobre sus hombros. Han venido a buscar un poco de paz, un poco de Dios que llevarse consigo, y vosotros no podéis cargarlos con listas de oraciones que rezar cada jornada. Y, sin embargo, un cristiano reza. Debe rezar. Es lo mínimo, ¿no? Rezar es tener trato con Dios. En efecto, la oración se impone en la vida del cristiano como la fuente vital del aliento de su alma. Permanecer con aquel al que uno ama es a la vez un descanso y un peso, un lugar de libertad y un lugar de compromiso, un campo de batalla y una fuente de alegría.

Entonces se abre paso una cuestión que me propongo desarrollar con vosotros: ¿qué hacer cuando ya no logramos rezar? Es como perder el aliento; es contener, hasta ahogarnos, la respiración de nuestro ser. Es como cuando, por la noche, en la cama, derrotados y débiles, ya no tenemos fuerzas. Intentamos volvernos hacia Dios, pero eso nos supera por completo, está por encima de nuestras capacidades. Tenemos demasiada angustia para encontrar el sueño, para encontrarlo a Él.

El reto es más grande de lo que parece. Nuestro mundo ya no tiene palabras para conversar con Dios. Los que nos rodean no saben que están dotados de palabras, de ese lenguaje de los ángeles. Es una lengua materna susurrada sobre la cuna. Les han cosido los labios de su alma. Llevará tiempo, tal vez siglos, que recuperen su voz. Una luz: en los días que preceden a la palabra, el bebé se expresa ya con gestos en el vientre de su madre. Debemos, por tanto, encontrar aquello que nos permita estar con Dios sin hablarle siquiera.

¿Por qué esta urgencia? *Estúpido de mí, yo no lo sabía, pero él estaba conmigo* (Salmo 72). Existe la alegría de saber que Dios estaba presente. Y la pena de no haberlo tenido en las horas más oscuras. Dios estaba allí. Dios siempre está allí. Ante esta afirmación tenemos que partir de lo más bajo de la escala: aun el peor día de nuestra vida, ese en el que estábamos más débiles y desvalidos, tenemos que poder decir: *Tú estabas conmigo*, pero también *yo estaba contigo*. Para responder a este desafío, planteo esta pregunta: ¿Qué es lo que me cuesta menos energía y menos esfuerzo? ¿Qué puedo hacer por la noche, en la cama, aun después de haber enterrado a unos soldados muertos en combate, aun después de haber gastado toda la energía que tenía en alimentar a mis hijos o en luchar contra el mal que me corroe? ¿Qué hacer cuando ya no puedo rezar? En definitiva, ¿cómo puede participar el cristiano, al límite de sus fuerzas, en la vida divina?

Os invito a subir juntos esta escalera, cada uno de cuyos escalones es un verbo: *pensar, mirar, escuchar, creer, querer, caer.*

I
PENSAR

Pienso en los días de antaño,
hago memoria de los años remotos;
recuerdo por la noche mi cántico,
medito en mi corazón
y mi mente se pregunta:
¿Me seguirá el Señor rechazando?
¿Nunca más gozaré de su favor?

(Salmo 76)

Os he dicho que había que empezar desde abajo del todo. Si hay algo que el hombre puede hacer, aunque esté completamente paralítico, ciego, sordo y mudo, es *pensar*. Pensar nos es intrínseco: el hombre piensa; olvidamos que pensamos porque pensamos continuamente y sin esfuerzo. No hablo exclusivamente de los pensamientos que desarrollamos acerca del origen del mundo o del sentido de nuestra vida, ni de los pensamientos que nos atormentan y nos impiden dormir. Hablo del mero hecho de tener esta lengua que monologa interiormente, o incluso esas imágenes, recuerdos, olores y melodías que nos llegan sin necesidad de palabras. ¿Podríamos nombrar alguna vez los rostros en los que pensamos? Es lo que expresa el salmista en los versículos que abren este capítulo. En primer lugar, piensa por la noche, la mejor compañía cuando no se vuelve cruel de tanto como nos asedia. Piensa en el pasado:

no sólo en cada día en particular, sino también, más ampliamente, en los años que pueden contraerse en el corazón de una sola reminiscencia. Recuerda melodías, palabras. Hace que participen su mente, su corazón y todo su ser. De sus pensamientos nacen preguntas, o más bien inquietudes, sobre el futuro: ¿Volverá a mostrarnos su amor el Señor? Tres mil años después, apenas hemos cambiado. Pensamientos, pasado, preguntas, porvenir, y una música imposible de silenciar.

Es banal. Lo que es menos banal es que Dios mismo piensa. Es tan simple y, no obstante, tan grande, que esta actividad cerebral no puede ser anodina. Por supuesto que tenemos que diferenciar entre el hombre y Dios: no pensamos en las mismas cosas. Lo dice Dios: *Mis pensamientos no son vuestros pensamientos y mis caminos no son vuestros caminos, oráculo del Señor. Como los cielos están por encima de la tierra, así mis caminos están por encima de los vuestros y mis pensamientos están por encima de los vuestros* (Isaías 55, 8-9).

Está muy claro: no hay punto de comparación. Sigue habiendo una distancia inconmensurable entre Dios y nosotros. Pero hay una semejanza, y no es pequeña. El camino que trazan los aviones nos lleva a mirar sin querer de una punta a otra del cielo. Estamos hechos a imagen de Dios y en cierto modo, por lo tanto, tal vez pensamos un poco como piensa Dios. Sus pensamientos no son nuestros pensamientos, pero tanto unos como otros son pensamientos. Creo que aquí hay un punto de encuentro y una forma de salvación.

UN PUNTO DE ENCUENTRO
«¿POR QUÉ PENSAMOS?»

Pensar es un punto de encuentro, sencillamente porque Dios conoce nuestros pensamientos. Apartemos la imagen de un Dios inquisidor, que pretende analizar cada segundo todo lo que se nos viene a la mente. Digamos más bien que él está presente y que nosotros no estamos solos, perdidos en los meandros de nuestros pensamientos. Dios conoce *nuestros riñones y nuestros corazones*. Por tanto, no es el *vigía* que quiere controlarlo todo, sino una presencia que habita en el fondo de nuestro ser. Dado que está ahí, nada nuestro le es ajeno: *No se le escapa ningún pensamiento, no se le oculta palabra alguna* (Eclesiástico 42, 20). Este conocimiento de Dios lo encontramos desde luego en Cristo Jesús, que conoce los pensamientos del fondo de los corazones. Así, en el evangelio según san Lucas, se nos recuerda: *Como Jesús conocía sus pensamientos, tomó la palabra y les dijo: «¿Por qué pensáis tales cosas en vuestros corazones?»* (Lucas 5, 22-23). Jesús no utiliza su *poder* para leer los pensamientos porque quiera revelar los secretos de cada uno; al contrario, pregunta a sus discípulos para ayudarles a aclarar sus pensamientos. Subraya de este modo que nuestros pensamientos son tan importantes como nuestras palabras, y que esta importancia se refiere tanto a lo bueno como a lo malo.

Consideremos la distancia que nos separa de las religiones paganas. Por una parte, está el hecho de que sus dioses no conocen los pensamientos de los otros dioses y de los hombres, o los conocen muy mal. Hasta Zeus, que es capaz de ver el futuro, se deja, no obstante, engañar por la diosa Hera, y ella logra dormirlo para lograr sus fines (*Ilíada*, canto XIV). Además, uno tiene que peregrinar, ofrecer libaciones y expresar su petición para ser escuchado. Nada de eso pasa con nuestro Dios, *que sabe aquello que necesitamos antes incluso de que lo expresemos* (Mateo 6, 8). Nuestros pensamientos son un lugar de encuentro con Dios; incluso me atrevería a decir que es el lugar predilecto donde Él nos conoce y donde nosotros podemos conocerlo. La consecuencia es importante: por la noche, en la cama, aun cuando ya no tengamos fuerzas para rezar, el Señor está presente como un compañero en el camino de nuestros pensamientos.

Esta valoración del pensamiento contrasta con nuestro mundo. No hay nada original en decir que «nuestro mundo tiene miedo de la gente que piensa», pero a menudo entendemos esto en el sentido de *reflexionar*. Los regímenes dictatoriales temen a los pueblos que reflexionan demasiado. Al nazismo, al fascismo y al comunismo les da miedo la formación, la sabiduría, el pensamiento libre e inteligente. Hoy al mundo le da miedo *pensar* en el sentido más estricto del término. No teme la formación, la promueve. Teme el vacío imprescindible para que pueda desarrollarse un pensamiento sencillo. El aburrimiento constituía ese terreno favorable, el espacio vacío del cielo para poder volar, el espacio vacío del mar para poder nadar. La tentación moderna pretende que la mente esté siempre ocupada. La atiborra incluso de saber, para que nadie se encuentre a solas *pensando*. Lo que más me costó cuando entré en la vida religiosa fueron, durante el noviciado, esos largos tiempos a lo largo de la jornada en los que no podía hacer otra cosa que *pensar*. Era un verdadero tormento: el despertar de los peores demonios, esos que esperan a que se haga de noche para salir durante el silencio oscuro y frío... Pero fue también el verdadero instante en el que surgía la vida. Una mirada sin finalidad ninguna por la ventana, la antesala del Reino: las dos cosas a la vez. Tengo que confesar que todavía me da miedo *pensar*, sobre todo pensar en Dios; miedo a lo que pueda pasar: el abismo o la luz.

Tenemos aquí, como en espejo, dos perspectivas contrarias. Por una parte, la del mundo, que desea conocer los pensamientos de cada individuo para dominarlos, por no decir para provocarlos y programarlos. Se trata de la propaganda, aunque hoy reciba otros nombres. El mundo sueña con imponernos lo que debemos pensar. Dios es todo lo contrario: ya conoce nuestros pensamientos, pero no para modificarlos, ni aun para sustituirlos; los convierte en un lugar privilegiado para encontrarnos. Junto a nuestro pensamiento, incluso mudo, nos ayuda a alumbrar los deseos profundos que habitan en nuestro corazón.

UNA FORMA DE SALVACIÓN
«DICHOSO EL QUE PIENSA»

Si nuestros pensamientos son un lugar de encuentro con Dios, si existe un mínimo espacio libre para este encuentro, entonces Dios puede obrar en nosotros. Ahora bien, la obra de Dios es salvar. Nuestros pensamientos pueden, pues, ser un lugar de salvación. El pensamiento *que salva*: ¡qué afirmación tan impresionante! Un pensamiento no es nada, es *como nave que surca un mar agitado sin que se pueda encontrar el rastro de su travesía, ni la estela de su quilla en las olas* (Sabiduría 5, 10). Y, sin embargo, dice el Salmo 41:

> Dichoso el que piensa en el pobre y el débil:
> el Señor lo salva el día de la desgracia,
> lo protege y lo conserva con vida, dichoso en la
> tierra.
> ¡Señor, no lo entregues a merced del enemigo!

Estos versículos me sorprendieron cuando tomé conciencia de ellos por primera vez. Los solemos cantar a menudo, en especial algunos viernes en el oficio litúrgico de la tarde, las vísperas, pero nunca habían revelado tanta profundidad. Conocemos el sermón de Jesús en la montaña, las famosas bienaventuranzas: *Dichosos los que lloran; dichosos los perseguidos a causa de la justicia; dichosos los pobres, los de corazón puro...* Pues bien, en este salmo encontramos esta misma formulación, una bienaventuranza anterior al Sermón de la montaña: *Dichoso, bienaventurado el que piensa en el pobre.* En el pobre, en singular; no sólo en la masa anónima de los pobres, sino en cada uno de ellos en particular. Podemos pensar en los pobres de la tierra, pero siempre es mucho más exigente pensar en un rostro conocido, en alguien que vive cerca. Y tenemos que tomar aquí la palabra *pensar* en su sentido más simple. El salmista no dice: *Dichoso el que salva al pobre*, sino precisamente el que piensa en él, el que se preocupa por él. Al llamar la atención sobre este acento que pone el salmista en la memoria del pobre, no quiero decir que no debamos hacer nada por los pobres y los débiles. No se trata de fomentar la inacción, sino todo lo contrario. Pensar en el pobre mueve a actuar. Pero aquí la condición de *bienaventurado* se aplica al mero hecho de pensar en él. ¿Por qué?

Antaño, en algunos hogares, teníamos en la mesa *el sitio del pobre*, que manifestaba su presencia mediante su ausencia. Y, aunque había pocas probabilidades de que un pobre llamara a la puerta, no obstante, se pensaba en él. He encontrado algo de esta costumbre en un pueblo de Perú. No había un *sitio del pobre* en la mesa, pues las personas con las que yo vivía eran demasiado pobres para invitar a su mesa; pero los habitantes se conocían, y los que tenían poco se preocupaban de los que no tenían nada. Esto no significa que los salvaran. A cambio, si no los veían durante algunos días, acudían a ver cómo estaban. Los pobres estaban presentes a menudo en las conversaciones. Creo que se compadecían sinceramente de ellos, pero no les tenían lástima. Rezaban por ellos. He conocido a gente que *piensa en el pobre y el débil.*

Veo aquí un elemento de lo que al principio de este libro llamaba *estar con Dios* sin ni siquiera hablar. Cuando llegamos al final de nuestra jornada y comienza a anochecer, ¿pensamos en el pobre? La respuesta parece evidente: basta con encender la televisión cinco segundos, basta con abrir los ojos por la calle, basta con mirar a nuestro alrededor, a veces en la propia familia… Por otra parte, este grito de la pobreza choca con una constatación: no podemos hacer nada. Es verdad, somos impotentes. Nadie, ni los más ricos, puede borrar la pobreza de la tierra. Es una utopía. Y lo poquísimo que hacemos deja a veces un regusto amargo. Somos impotentes, pero podemos pensar en ellos, es decir, hacerles un sitio, un espacio en nuestra mente, y de este modo el pobre entra a formar parte de nuestro mundo. Me siento estúpido cuando escribo que el pobre se invita a nuestro mundo mediante el pensamiento; y, sin embargo, sé que la diferencia se encuentra justamente en este acontecimiento originario de presencia.

Mientras espero el tren en la estación de Ginebra, un hombre se aproxima para hablar conmigo. Me dispongo a decirle que yo no doy dinero. Me tranquiliza al intante. Resulta raro que te tranquilice un desconocido. Quizá Jesús tranquilizó así a muchos: «No quiero tu dinero, ten paz». El hombre viene de Oriente Medio. Se ha fijado en mi hábito religioso y tiene preguntas. Se establece un diálogo y me expone su situación: lleva varios años como refugiado en Suiza. Le han reconocido su incapacidad para trabajar. No se trata de una discapacidad física, más bien es una incapacidad moral, como si sus traumas se hubieran petrificado formando un muro infranqueable. Por eso, en su cuenta bancaria le ingresan todos los meses un dinero que le permite vivir. El cantón le garantiza incluso un alojamiento. Pero no tiene estrictamente nada que hacer. Está solo, sin familia, desesperadamente solo. No ocupa los pensamientos de nadie. Un fantasma le envía mensualmente una transferencia automática. Su alojamiento está lleno de ausencia. Me confiesa que encadena encuentros sexuales que lo dejan todavía más vacío. Me mira a los ojos y afirma: «Pienso en dejarme morir». Es duro escuchar semejantes palabras. Soy impotente frente a ese deseo de muerte, es peor que una necesidad de dinero. Los pensamientos de muerte son lugares estériles, salvo si podemos transformarlos en un lugar de encuentro. Eso es lo que él acababa de hacer al ofrecerme ese pensamiento. «Pienso en dejarme morir», como un eco a estas palabras de Cristo a los discípulos: *Mi alma está triste hasta morir* (Mateo 26, 38). Pero Jesús añade: *Quedaos aquí y velad conmigo*. Yo tenía que averiguar si había alguien que permaneciera a su lado. Le pregunto si reza. Me dice que va de vez en cuando a la mezquita. Entonces me pregunta si Dios lo ama tal como es. Le respondo que Dios ha dado su vida por él, por mí, por nosotros en la cruz, por amor. Estaba allí, y velaba.

Nos damos un abrazo y se va. A veces pienso en él. Escribir aquí su paso por mi vida es darle un lugar y sé –porque creo en Dios– que este sencillo lugar en mi pensamiento puede cambiar su vida. La sociedad le daba todo: dinero, alojamiento, paz civil, sexo. Le faltaba un pensamiento. El mío, tal vez, pero sobre todo el de Dios. Un pensamiento que salva.

PENSAMIENTOS BIENAVENTURADOS
«PERO EL SEÑOR PIENSA EN MÍ»

Falta aclarar una cosa: ¿en qué sentido somos *bienaventurados* por pensar en los pobres? ¿Acaso se trata de una felicidad por puro contraste, es decir, al ver nuestra riqueza como en negativo de su miseria? Esto sería una felicidad muy amarga y preocupante. ¿O tendrá razón el mundo al afirmar que cuanto menos pensamos en la desgracia, mejor nos encontramos? En mi opinión, existen dos respuestas.

Primera, sabemos que Dios piensa en ellos. Dios, y de forma llamativa en la persona de su Hijo, Cristo Jesús, nos muestra su ternura y su amor por los pobres. Dado que también nosotros tenemos nuestras propias debilidades y pobrezas, experimentamos esta ternura de Dios. Podemos decir como el salmista: *Soy pobre y desgraciado, pero el Señor piensa en mí* (Salmo 39). Aquí brota una fuente de alegría comunicativa que hace exultar a la Virgen María, porque él colma de bienes a los hambrientos y despide a los ricos con las manos vacías. Si Dios encuentra su alegría en los pobres, también nosotros podemos encontrar nuestra alegría pensando, con Él, en los pobres y los débiles. Esta comunión de pensamiento constituye para todos nosotros no sólo una fuente de felicidad, sino un lugar de encuentro con Dios.

Segunda, creemos que Cristo mismo se hizo pobre. Pensar en el pobre es pensar en Cristo. Es tan sencillo como esto. Podemos entonces entender mejor lo que Jesús quiere expresar cuando dice: *A los pobres los tendréis siempre con vosotros, pero a mí no siempre me tendréis* (Juan 12, 8). El motivo de estas palabras del Maestro es la defensa de María de Betania. Ella acaba de derramar un perfume muy caro sobre los pies de Jesús, delante de Judas, el discípulo, que pregunta: *¿Por qué no se ha vendido este perfume por trescientos denarios para dárselos a los pobres?* (Juan 12, 5). ¿Cómo entender este pasaje? Judas piensa en los pobres, ¿no?

Igual que el cantón de Ginebra se ocupa de este refugiado, puesto que le proporciona con qué vivir. Entonces, ¿por qué Jesús parece restarle su importancia? Creo que no hay que tomar la afirmación del Señor por el lado negativo, como si su presencia se opusiera a la de los pobres. Tal interpretación iría en contra de muchas de sus palabras, como cuando afirma: *Cuando me disteis de comer, de beber o me vestisteis, a mí me lo hicisteis* (Mateo 25, 40). Lo que ocurre es que Cristo insiste en la importancia de su presencia carnal en este momento determinado de nuestra historia: una presencia que es en sí misma la Buena Noticia que todo el mundo espera. Pero subraya también la continuidad de su presencia: a los pobres los tendréis siempre, en todo momento y en cualquier parte podréis encontrarme en ellos cuando yo ya no esté aquí. Es como si Cristo deseara tranquilizar a Judas: podrás ayudar a los pobres, porque ellos siempre estarán ahí como un signo vivo de mi presencia.

Tenemos que mantener ambas cosas. Por una parte, mi prójimo no es una mera copia de Jesucristo; eso sería aniquilar su identidad, su persona. Jesús hace esa distinción respecto de su presencia carnal: a los pobres los tendréis siempre, a mí no. Pero, por otra parte, la continuidad de su presencia espiritual se manifiesta a través de los pobres: *Yo estoy con vosotros hasta el fin del mundo* en los pobres, que están *siempre con vosotros*, porque *a mí me lo hicisteis*. Esta presencia de Dios en ellos es lo que nos permite decir: cuando pienso en los pobres, pienso también en Cristo.

Si *pensar* en el pobre es imitar a Dios... Si *pensar* en el pobre es pensar en Cristo... Entonces alcanzo aquí una de las peculiaridades de la bienaventuranza cristiana. Estoy en el núcleo de la gracia divina, que me salva y me hace vivir. Aunque nuestros pensamientos no son los pensamientos de Dios, consideremos hasta qué punto el acto más banal del ser humano puede hacernos participar de la vida divina. El simple hecho de *pensar*, especialmente de pensar en Dios y en el pobre, nos permite decir que hemos estado con él. Poco importa que no hablemos el lenguaje de los ángeles, o que falten las palabras. Cuando ya no tenemos fuerzas, nos queda todavía la posibilidad de compartir los pensamientos de Dios. Esta comunión no sólo nos hace dichosos, bienaventurados, sino que nos salva. Sí, como el salmista, podemos preguntarnos por la noche, meditar en nuestro corazón, pensar en los días de otro tiempo…, pero hagámoslo sabiendo que Dios nos oye y que de ese modo nos hace participar en su obra de salvación. Midamos la inmensidad de sus pensamientos con la medida de su amor, *pues sus pensamientos son más vastos que el mar, sus designios más inmensos que el abismo* (Eclesiástico 24, 29).

II
MIRAR

¿Quién es semejante al Señor nuestro Dios?
Él está sentado allá arriba,
pero se abaja para mirar hacia el cielo y la tierra.

(Salmo 112)

Después del acto de *pensar*, he elegido como acto siguiente el que me suponía menos esfuerzo: *mirar*. Se suele considerar la mirada como un lugar divino. La profundidad de lo humano y de lo divino a través de la mirada es, en efecto, un tema antiguo. Por ejemplo, en hebreo la palabra *ayin* designa el ojo, pero también el manantial, el pozo. Mirar a alguien directamente a los ojos es como caer en un abismo, sumergirse en un océano subterráneo, en la fuente de su alma. Una inmensidad que todos desconocen, incluso él. Por tanto, cuando el hombre mira, mira todo su ser, toda la profundidad de su persona, y este océano lo refleja el cielo en la pupila. El salmista capta en varios momentos que la mirada del hombre es una puerta abierta hacia sí mismo: *Sus ojos, que brillan de satisfacción, traicionan las apetencias de su corazón* (Salmo 72). Los ojos del hombre se identifican hasta tal punto con lo que él es, que lo sustituyen: no soy yo quien reza, sino *mis ojos*, que *se anticipan al final de la noche para meditar sobre tu promesa* (Salmo 118). De noche nuestros ojos entenebrecidos avanzan hacia Dios, hasta el punto de que pueden dañarse: *Mis ojos se han gastado esperando a mi Dios* (Salmo 68). El ojo es, por tanto, mucho más que un simple órgano sensorial.

Nuestros ojos *miran*. Eso va más allá del mero hecho de *ver*. Vemos todos los días, basta con abrir los ojos. Mirar es casi contemplar. Existe la expresión *posar la mirada*, y en este poner la mirada hay como un abandono. Es un abandono porque no siempre lo elegimos, habríamos preferido evitar mirar eso o aquello. Todos tenemos en la cabeza escenas terribles, y hemos dejado en ellas una parte de nosotros mismos. Estas escenas han dejado también algo en nosotros. Cristo conserva en él para siempre la marca de la ciudad santa a punto de desaparecer: *Cuando Jesús estuvo cerca, al ver la ciudad, lloró por ella* (Lucas 19, 41). Posa su mirada, desgasta sus ojos y el dolor los corroe. ¡Eso es mirar! Esta palabra suele emplearse mal: no miramos la televisión; como mucho, la vemos. Y, además, ¡vemos unos horrores! que, sin embargo, nos dicen: *Ya no estoy ante tus ojos* (Salmo 30).

Creo que la mirada puede ser un lugar de encuentro con Dios. Un lugar donde el cristiano, incluso sin aliento, mira a Dios, se deja mirar por él, y permite que Dios mire por medio de él.

LOS OJOS DE DIOS
«ÉL BAJA SU MIRADA»

Cuando hemos profundizado en el acto de pensar hemos comenzado considerando el hecho de que Dios piensa. Quiero proceder ahora del mismo modo con el acto de *mirar*. La Biblia está llena de la mirada de Dios. Los hombres no saben gran cosa de Dios, pero, si algo saben, es que Él los ve. ¿O que Él los mira? Retomemos los versículos del Salmo 72 con los que iniciamos este capítulo:

> ¿Quién es semejante al Señor nuestro Dios?
> Él está sentado allá arriba,
> pero se abaja para mirar hacia el cielo y la tierra.

El salmista pregunta: *¿Quién es semejante al Señor?* En efecto, busca su particularidad, lo que hace de su Señor un Dios único en comparación con los otros dioses. Es verdad que su peculiaridad consiste en sentarse allá arriba, pero todos los dioses tienen su trono en lo alto. Ahora bien, su Dios baja su mirada hacia el cielo y la tierra, se inclina para ver mejor. El que baja los ojos es el esclavo, en señal de humildad y sumisión. Sin embargo, aquí es Dios mismo quien baja su mirada, como para ponerse a nuestro nivel. Aunque se sienta en las alturas, frecuenta también las profundidades. Se abaja tanto más cuanto que está arriba del todo. Su mirada no se detiene en el cielo, sino que desciende hasta la tierra. Otro salmo, el 32, nos permite descubrir aún mejor esta mirada de Dios:

> Desde lo alto de los cielos mira el Señor, ve la raza de los hombres.
> Desde el lugar donde habita, observa a todos los habitantes de la tierra.
> Él forma el corazón de cada uno, penetra todas sus acciones.

Podríamos pensar que Dios, como un gran demiurgo, contempla el mundo, toda la tierra y los hombres como un grupo, una masa humana informe. Pero él mira *a todos los habitantes*, conoce a cada uno, porque forma sus corazones y puede discernir todas sus acciones. Por tanto, baja su mirada sobre cada uno de nosotros. Dios mira individualmente y no sólo de modo global. Para ser aún más exactos, mira a los habitantes de la tierra *desde el lugar donde habita*. No se trata de decir que Dios tiene una cabaña en el confín del universo, sino de que mira a cada hombre y a cada mujer; pero no como se mira a un objeto, sino como se hace con un ser ligado a un lugar. El lugar donde vivimos, nuestro país, nuestra cultura, nuestros allegados y nuestra tierra nos modelan. La condena más dura para un hombre sigue siendo la del exilio. Los desarraigados tienen dificultades durante toda su vida para *habitar*. Lo vemos en los campos de refugiados, que nunca se convierten verdaderamente en ciudades, y en las llaves guardadas cuidadosamente por aquellos que siguen pensando en su casa. En esa mujer que está dispuesta a pagar mucho, una vez al año, para comprar un bollito: el recuerdo de su casa, de su infancia, su dulce de las Antillas. En el exilio en Babilonia, que hace callar las arpas. En esta tierra, a la que los cristianos designan como un doloroso exilio en espera de llegar al Reino definitivo.

Tenemos un Dios que habita en nuestro exilio. No es sólo una imagen, ya que Jesús nos dice: *Si alguno me ama, guardará mi palabra; mi Padre lo amará, vendremos a él y haremos morada en él* (Juan 14, 23). Estamos muy cerca de la expresión *posar la mirada* en su dimensión más elevada. Cuando Dios mira, levanta su tienda, habita; establece su patria entre nosotros y pone fin a su exilio.

Por supuesto que, del mismo modo que Dios no piensa como los hombres, tampoco mira como los hombres. Cuando el profeta Samuel busca al que debe ungir como rey, el Señor le advierte sobre su elección. Samuel ve al mayor de los hijos de Jesé, el más valiente, pero Dios le dice: *No consideres su apariencia ni su elevada estatura, porque yo lo he descartado. Dios no mira como los hombres; los hombres miran la apariencia, pero el Señor mira el corazón* (1 Samuel 16, 7). Al contrario que Dios, nosotros sólo podemos ver la apariencia de las cosas. Nuestra mirada es incapaz de penetrar los objetos, y todavía menos las intenciones y los pensamientos; sin embargo, Dios puede mirar el corazón que él ha formado. No se trata aquí de discernir, de adivinar o de experimentar. Del mismo modo que nosotros miramos la apariencia, Dios mira el corazón, lo ve, lo contempla. Él, el Dios que se sienta allá arriba, posa su mirada hasta las profundidades de nuestro ser.

La mirada de Dios no es pasiva. Al bajar su mirada, Dios mismo debe descender. Su mirada lo mueve a actuar. Un pasaje del libro del Éxodo insiste en esta mirada y en sus consecuencias. Dios habla a Moisés por primera vez. Le dice: *He visto, sí, he visto la desgracia de mi pueblo que está en Egipto, y he oído sus gritos bajo los golpes de sus opresores. Sí, conozco sus sufrimientos. He bajado para liberarlo de la mano de los egipcios y hacerlo subir desde este país hacia un país bueno y espacioso, hacia un país que mana leche y miel* (Éxodo 3, 7-8). La traducción refleja la repetición del verbo *ver* en hebreo. El hebreo dice *rao', raiti*, que se traduce literalmente por «para ver he visto». Dios insiste en que ha visto el sufrimiento de su pueblo. Lo ha visto con sus ojos, antes incluso de oír sus gritos. Dios ve, Dios oye, Dios conoce. Y, como consecuencia, Dios baja. Baja para liberar y para hacer subir. *He visto, he oído, he bajado.* En esta sola frase está la historia entera de la salvación. El punto de partida es su mirada. Él baja, pero no vuelve a subir sin salvar ni llevar consigo lo que ha mirado. Esto que en el libro del Éxodo anticipa la salvación, se cumple en la mirada de Cristo.

UNA MIRADA QUE SALVA Y QUE AMA

«TE LO RUEGO, MIRA A MI HIJO»

La mirada de Cristo es, en primer lugar, una mirada que salva. El padre de un endemoniado lo comprende, como nos cuenta el evangelio según san Lucas: *Un hombre de la multitud se puso a gritar: Maestro, te lo ruego, mira a mi hijo, pues es mi único hijo y resulta que un espíritu se apodera de él; de repente le hace gritar, lo zarandea con convulsiones y le hace echar espumarajos; a duras penas se aleja de él dejándolo destrozado* (Lucas 9, 38-39). El hombre había pedido ya a los discípulos que curaran a su hijo, pero habían fracasado (v. 40). Cuando se dirige a Jesús, cambia su petición y le pide sencillamente que lo mire. Es una llamada a actuar, por supuesto, él quiere que liberen a su hijo de ese demonio. Pero su petición no puede ser más simple, y se basa en esta frase de Dios a Moisés: *He visto y luego he bajado*. Este hombre implora únicamente una mirada, su grito invita a mirarlo tanto a él como a su hijo. Sabe que esta sola mirada basta para devolver la libertad a su hijo y para devolver el hijo a su padre. Esta mirada es la que no han podido ofrecer los discípulos; la mirada de la que nos priva el mundo con la interfaz de las pantallas que suprime toda profundidad. Incluso las videollamadas nos privan de esta mirada, de mirarnos directamente a los ojos: no podemos mirar la cámara al mismo tiempo que miramos al que nos habla. Una cámara de vigilancia no vigila nada. El ojo avezado de un médico ya no basta para salvar a quien desea morir. Este hombre pide únicamente una mirada, y Jesús le dice: *Trae aquí a tu hijo. Que venga y que yo lo mire.* Lo mismo sucederá con el Hijo de Dios: él viene, y *mirarán al que traspasaron*.

47

Su mirada salva porque él ama. Tal vez es lo mismo que una mirada que salva, pero permitidme que subraye el matiz. El primer ejemplo en el que pienso, muy conocido, es la conversación que Jesús mantiene con el joven rico en el evangelio según san Marcos: *Jesús posó su mirada sobre él, y lo amó. Le dijo: «Una sola cosa te falta: ve, vende cuanto tienes y dáselo a los pobres; entonces tendrás un tesoro en el cielo. Luego ven y sígueme»* (Marcos 10, 21). Se da una suerte de correlación entre su mirada y su amor; no puede haber lo uno sin lo otro. El vínculo entre los dos es delicado, el puente es ancho y endeble. Lo único que le falta a esta mirada y a este amor, es que se siga el movimiento que inician. Del mismo modo que Dios hace subir al pueblo hebreo hacia un *país que mana leche y miel*, la mirada de Jesús invita a dejarlo todo para seguirlo. Un tesoro en el cielo.

Vale la pena detenerse en un detalle del vocabulario. El evangelista Marcos utiliza el verbo *emblepsas*, que hemos traducido por *posar la mirada*. Viene de la raíz *blepô*: ver, mirar. Los evangelistas utilizan este vocablo en un contexto particular. Algunos ejemplos: *Tu pa-*

dre, que ve en lo escondido, te recompensará
(Mateo 6, 18). *Al día siguiente, al ver acercarse a Jesús, Juan declaró: Este es el cordero
de Dios, que quita el pecado del mundo* (Juan
1, 29). *Después Jesús volvió a poner las manos sobre los ojos del hombre; este empezó a
ver normalmente, se encontró curado y distin-
guía todo con claridad* (Marcos 8, 25). Esta
palabra designa a la vez el acto de Dios, el acto
del Bautista al ver a Jesús y el acto del ciego
que ve de nuevo; no es una mirada banal, es
una mirada que ama. Estamos lejos de la mirada del sacerdote y del levita en la parábola
del buen samaritano, que no se expresa mediante *blepô*, sino mediante *horaô*. Al pasar
junto al hombre medio muerto, *por casualidad,
un sacerdote bajaba por ese camino; lo vio y
pasó de largo dando un rodeo* (Lucas 10, 31).
Se trata de una mirada que evita.

   ¿Qué consecuencia sacamos nosotros? Porque no tenemos *a priori* la mirada de Dios, no
miramos desde lo alto, no tenemos esa mirada
eficaz que puede amar y salvar al mismo tiempo. Os propongo un camino para transformar
nuestra mirada y para dejar que Dios vea a través de nosotros.

DIOS ANTE NUESTROS OJOS

«Señor, ven y ve»

Creo que no debemos subestimar nuestra mirada. Posee una fuerza que nos sobrepasa y que tal vez sobrepasa incluso el amor de Dios. Para afirmar esta fuerza de nuestra mirada me apoyo en unas palabras del Cantar de los cantares, en este deseo imposible de cumplir que el amado dirige a su amada: *Aparta de mí tus miradas, que me turban* (Cantar 6, 5).

La tradición y los Padres de la Iglesia asociaron metafóricamente al amado con el Señor y a la amada con el alma que busca a Dios. Por tanto, aquí sería Dios quien le pide al hombre que desvíe sus ojos. En efecto, la propia mirada del hombre que busca a Dios deja a este como desarmado. Estamos acostumbrados a leer que el hombre no puede ver a Dios sin morir, y resulta que nos encontramos en la situación contraria. Dios, en su amor infinito por su criatura, no puede resistirse a la mirada del hombre. Como una madre o un padre no pueden resistirse a la mirada de su hijo recién nacido.

Me parece que rozamos aquí el misterio mismo de la encarnación de Cristo: Dios que se ofrece a la mirada de los hombres; Dios que experimenta él mismo una mirada humana. Jesús hace esta experiencia: en su mirada se abre una hendidura por la que la misericordia, la compasión y el amor pueden entrar y salir, siempre y cuando logremos abrir las puertas de par en par.

En los evangelios encontramos un ejemplo sorprendente: la escena de la resurrección de Lázaro. *Cuando Jesús vio que María sollozaba y que sollozaban también los judíos que la acompañaban, se estremeció en su interior y, conmovido, preguntó: «¿Dónde lo habéis puesto?». Ellos le dijeron: «Señor, ven y ve». Jesús lloró. Los judíos dijeron entonces: «¡Cuánto lo amaba!»* (Juan 11, 33-34).

Al leer este pasaje, me pregunto a menudo por qué Jesús llora en ese momento y no antes. Podría haber llorado al recibir la noticia de que su amigo había fallecido. Podría haber llorado al ver sollozar a María, cuando se dice que se emocionó. Sin embargo, llora cuando los judíos lo invitan a *venir* y a *ver*. Sólo entonces se acerca al sepulcro. En esta invitación a *ver* se encuentran miles de plegarias, a través de los siglos, de hombres y mujeres que invitan a Dios a ver su angustia, a ver la dureza de la dolorosa condición humana. ¿Cuál es la reacción de la gente? *¡Cómo lo amaba!* De sus lágrimas mana todo el amor de Cristo por su amigo Lázaro. Se encuentran dos miradas: la mirada de la compasión frente a un dolor insoportable, el de la injusticia de la muerte, y la mirada del amor, es decir, de la constatación de la permanencia más allá de la desaparición.

Nuestro mundo, quizá sin saberlo, continúa invitando a Dios a mirar. Se trata de una mirada dirigida al cielo. ¡Pero el cielo llora por nosotros! Todos los días. A nuestro mundo le falta esa última mirada, le falta reconocer la verdad de su amor a través de sus lágrimas. Podemos optar por no desviar la mirada, aunque nos falten las palabras. En nuestra mirada humana está la salvación, que puede acontecer en silencio.

Cuando llegué a Pangoa conocí a un hombre que se llama Jerónimo. Recogía los desperdicios dos veces por semana en el internado del que yo me ocupé durante un año, en la Amazonía. Y lo sigue haciendo ahora. Su trabajo consiste en recorrer las calles del pueblo, carretilla en mano, flanqueado por sus dos perros, con la misma determinación que un conquistador acompañado por dos ángeles. Las basuras lo esperan al borde de los jardines. Él las recoge, amontona y transporta hasta el agujero que ha excavado, donde las quema. Vive en una casita muy pequeña de madera, sin ventanas. Parece que tiene un hijo que lo visita, pero tan sólo para que le dé dinero. Jerónimo bebe mucho; lo olemos más que verlo. Su aliento traiciona sus andares decididos. Confieso que los días que se acerca a nuestra casa tengo la costumbre de esconderme. Me encierro en una habitación e intento acallar esa conciencia que me dice que vaya a verlo. A veces cedo, como aquel juez que finalmente hace justicia a la viuda que lo importuna. Salgo a estrecharle la mano, a darle algo de pan y a intercambiar algunas palabras tan breves que no se prolongan más allá de lo que tarda una hoja en caer al suelo. Algunos días, muy raros, le propongo un café en el comedor. Entonces se rompe un dique y su voz, el océano, se derrama a raudales. Habla. Yo no lo entiendo todo, o no hago el esfuerzo de entenderlo todo. Pienso en lo que me falta por hacer, en todas las cosas insignificantes que parecen de pronto tan urgentes. Me enseña la cruz que lleva alrededor del cuello y siento la mano divina que me llama al orden, a mi deber de buen cristiano. Le escucho.

Un día, en la puerta, Jerónimo llora y me abraza. Me estrecha en sus brazos y no puedo evitar sentir un poco de asco. Es como una llovizna que me moja toda la ropa y me cala hasta los huesos. Me aprieta las manos con sus dedos cubiertos de verrugas. Me da vergüenza escribirlo: no pienso más que en el momento en que podré por fin lavarme las manos y restregarlas para despojarme de tanta miseria. Temo que se me pueda quedar pegada a la piel. Él da un paso atrás. Antes de marcharse con su carretilla, me dice: «Padrecito, usted es el único que me mira como a un ser humano». Y me pide perdón.

Me quedo sin habla. Era como agradecer a un árbol sin hojas haber dado sombra. Dios no había desdeñado mi asco. A pesar de mi falta de compasión, había podido dirigir a través de mí una mirada de amor. Un hilo de humanidad había brotado de mi alma, a pesar de estar seca. Este suceso se me quedó grabado durante todo el año que pasé en aquel pueblo. Sólo más tarde me di cuenta, como a través de la cortina de una bruma tropical, que Dios era Jerónimo, o que Jerónimo era Dios. Que a Dios le complacía Jerónimo igual que a Jerónimo le complacía Dios.

Jerónimo me había vuelto más humano al encender de nuevo en mi mirada la chispa, tan ínfima como efímera, que podía verdaderamente hacerme hombre. Más aún, él se excusaba como esas briznas de hierba que se avergüenzan de haber perforado el asfalto de las aceras para poder germinar. Pedía perdón por una falta que no era tal: la de estar vivo a pesar de mi desdén, mientras que él purificaba mi mirada y, con ella, todo mi corazón.

Ese es el camino de la purificación, el que nos acerca a Dios aunque no tengamos palabras, aunque no tengamos fuerzas para rezar. Cuando llegamos cansados por la noche, podemos todavía preguntarnos cómo hemos *visto* y cómo nos ha mirado Dios. Cuando nuestra mirada se detiene en Dios y le dejamos que fije su mirada en nosotros, somos hijos del Altísimo, benditos, amados. Somos de Cristo, de su mirada en Betania. Tal vez podremos decir en el momento de nuestra muerte, con un último aliento, como Simeón:

> Ahora, Señor, puedes dejar ir a tu siervo en paz,
> según tu palabra,
> pues mis ojos han visto la salvación
> que preparas ante todos los pueblos.

(Lucas 2, 30-31)

III
ESCUCHAR

Mientras todavía estaba hablando,
una nube luminosa los cubrió con su sombra;
y una voz desde la nube decía:
«Este es mi Hijo amado, mi predilecto;
escuchadlo».

(Mateo 17, 5)

Cuando no logramos rezar, ¿qué actos humanos siguen estando a nuestro alcance para vivir con Dios? Después de *pensar* y de *mirar*, está el acto, en principio pasivo, de *escuchar*. Se trata, por supuesto, de algo más que del mero hecho de oír, pero no requiere un esfuerzo físico desmesurado. Tumbado en la cama, incluso agotado, puedo escuchar lo que me dicen. Es lo único que pide esa voz en la nube. El corto fragmento que abre este capítulo procede de la escena de la Transfiguración. Pedro, Santiago y Juan, en la montaña, ven, miran, contemplan la divinidad de Cristo, que aparece en su gloria acompañado de Moisés y de Elías. Se trata de una escena sorprendente, que casi hace enmudecer a los discípulos. Junto al bautismo, esta escena es la segunda y última en la que habla Dios en persona. En ambos episodios se repiten las siguientes palabras: *Este es mi Hijo amado, mi predilecto.*

Comprendemos entonces que son el núcleo del mensaje: Dios reconoce como Hijo a Jesús y manifiesta su amor por él.

Ahora bien, durante la Transfiguración Dios añade: *Escuchadlo*. Es la única invitación directa que hace Dios en todo el evangelio: invita a los hombres a escuchar a su Hijo. No dice *seguir*, *venerar* o *alabar*; todo eso viene después como consecuencia lógica de la primacía de la escucha. Dios sabe que, si escuchamos a Jesús, Palabra suya hecha carne, nos transformaremos. Por tanto, cuando escuchamos al Hijo, sabemos que hacemos lo que nos pide el Padre. Cuando ya no tenemos siquiera fuerzas para seguirlo, para cumplir todo lo que nos ha prescrito (perdonar, amar, alcanzar la perfección como el Padre es perfecto), sabemos que el mero hecho de escucharlo es ya mucho. Y Dios añade esta precisión –*escuchadlo*– a los discípulos, quizá porque les falta escuchar a aquel a quien, sin embargo, siguen, a quien reconocen como el Hijo de Dios. Judas también seguía a Jesús. ¿Lo escuchó hasta el final? El acto sencillo y humilde de escuchar es fundamental, pues abre y cierra el camino del cristiano hacia Dios. Cuando lo escuchamos, se da una suerte de continuidad de la encarnación de Cristo. Él se hace nuestra carne.

Acude a mi memoria un ejemplo histórico. Cuando con dieciocho años María Estuardo regresa a Escocia, su reino se ha pasado a la Reforma por imposición de Inglaterra. La misa católica está prohibida bajo pena de muerte. Como reina católica, obtiene, no obstante, permiso para oírla en su capilla privada. Enseguida debe enfrentarse con el jefe de la Reforma escocesa, el virulento pastor John Knox. Ella insiste en su deseo de permanecer en la confesión católica: «Quiero defender a la Iglesia de Roma, porque la considero la verdadera Iglesia de Dios». Knox, que la despreciaba por ser joven, mujer y católica, le replica: «La conciencia moral requiere el conocimiento, y me temo que no tenéis el verdadero conocimiento». De este modo, Knox se erige en poseedor de la verdad. Su frase rezuma vanidad y desprecio. María Estuardo se limita a responder: «Pero yo he leído y escuchado»[1]. La imagen que me viene a la cabeza es la de la

---

1. A. Fraser, *Marie Stuart, reine de France et d'Écosse*, París 1973, 162. Conversación transcrita por el propio John Knox en *History of the Reformation* II, ed. W. C. Dickinson, 14.

Virgen María, representada a menudo leyendo y escuchando la palabra del ángel en el momento de la Anunciación. O la del jardinero que lee su libro de botánica antes de escuchar crecer a sus plantas. Podemos también leer señales en el cielo y escuchar moverse a las nubes. Es la única respuesta, el único argumento válido. La respuesta humilde de María Estuardo es la encarnación del mandamiento de Dios: escuchar, en primer lugar, y escuchar a los que él ha enviado. El *verdadero conocimiento*, como lo reivindica Knox, no es otro que un corazón atento a la Palabra y a quien la transmite, la Iglesia.

ESCUCHAR SUS PASOS
«Yo sabía que tú me escuchas siempre»

Escuchar es un acto central en la Biblia, muy especialmente en el Antiguo Testamento. El hebreo no distingue realmente entre oír y escuchar, expresa ambas acciones con el término *shemá*. La palabra *shemá* aparece por primera vez en el libro del Génesis: *Oyeron la voz del Señor Dios, que se paseaba por el jardín a la brisa de la tarde. El hombre y la mujer fueron a esconderse de la mirada del Señor entre los árboles del jardín* (Génesis 3, 8). Aunque el hombre y la mujer habían oído ya, por supuesto, la voz de Dios (y también la de la serpiente), la primera vez que la Biblia utiliza el término *escuchar* lo emplea para referirse a algo que espanta. Es el miedo que experimentan Adán y Eva a ser descubiertos por Dios. Lo dice Adán: *Escuché tus pasos en el jardín y tuve miedo, porque estaba desnudo, y me escondí* (v. 10). Este miedo sigue arraigado en el corazón de los hombres, por eso nos tapamos la cara instintivamente, como Moisés y Elías. Todavía hoy el mundo se oculta cuando escucha los pasos de Dios, los pasitos menudos de la Navidad, el chapoteo de las olas, los pasos inaudibles de la salida de la tumba. El hombre se estremece, y en este contexto la escucha no provoca únicamente miedo, sino también condena. Leemos: *Por haber escuchado la voz de tu mujer y haber comido el fruto del árbol que yo te había prohibido comer, ¡maldito sea el suelo por tu causa!* (v. 17). La condena de Adán y Eva no sólo es consecuencia, por tanto, de haber comido el fruto del árbol, sino también de haber escuchado, es decir, de haber acogido, de haber dado su asentimiento a las palabras de la serpiente, a la voz de la mentira.

¿Qué decidimos escuchar nosotros? Para ser más exactos, ¿qué palabras acogemos en nuestro corazón? Este interrogante no ha perdido actualidad. Intrigas, conspiraciones, desconfianza… Una vez que ha entrado la palabra de la duda, es difícil desalojarla. Por eso, la calumnia y la difamación son pecados graves. A pesar de todo, Dios nos invita a escuchar, probablemente porque el bien se acoge de la misma manera que el mal. La Palabra de Dios, su palabra de amor, puede penetrar en los corazones si decidimos acogerla, es decir, si decidimos escucharla. Jesús lo repite a quien lo quiere oír, por ejemplo, en el evangelio según san Marcos:

> Un escriba se acercó y le preguntó a Jesús: «¿Cuál es el primer mandamiento?». Él le respondió: «Este es el primero: Escucha, Israel, el Señor nuestro Dios es el único Señor. Amarás al Señor tu Dios con todo tu corazón, con toda tu alma, con toda tu mente y con todas tus fuerzas» (Marcos 12, 29).

Jesús no se limita a decir: *El Señor nuestro Dios es el único Señor*. Añade algo que forma parte de este primer mandamiento: *Escucha, Israel*. Como durante la Transfiguración, Dios nos pide que escuchemos. En efecto, *escuchar* no es sólo cumplir algo a lo que Dios nos invita, sino cumplir el primer mandamiento que Dios dio en la Alianza que estableció con su pueblo. Es la primera etapa antes de amar al Señor, que constituye la segunda parte de este primer mandamiento.

¿Y por qué es tan importante *escuchar*? Si Dios nos pide que lo amemos porque él nos amó primero, ¿podemos decir que nos pide que lo escuchemos porque él mismo ha sido el primero en escucharnos? Me atrevo a afirmar que nos encontramos aquí rozando la vida misma de la Trinidad.

Volvamos a la resurrección de Lázaro, a la que nos hemos referido antes. Jesús, después de llorar y de ver el sepulcro, cuando los presentes quitaron la piedra, levantó los ojos y oró diciendo:

«Padre, te doy gracias porque me has escuchado. Yo sabía que tú me escuchas siempre;

pero he hablado por la multitud que me rodea, para que crean que tú me has enviado». Dicho esto, gritó con fuerte voz: «¡Lázaro, sal fuera!» (Juan 11, 41-43).

Estamos acostumbrados a sorprendernos por la resurrección de Lázaro: ahí está el milagro y, con él, el anuncio de la propia resurrección de Jesús. Pero la frase que precede a esta resurrección tiene una importancia teológica no menor. Jesús da gracias a Dios por haberlo escuchado. Esto significa que el Padre escucha al Hijo. Son un solo Dios, son consustanciales... y se escuchan el uno al otro.

Esto no es únicamente consecuencia de la presencia de Jesús en la tierra (como si Dios Padre no escuchara al Hijo más que durante el tiempo de su misión visible). Jesús dice precisamente: *Yo sabía que tú me escuchas siempre*. Nos aproximamos a un misterio de la relación interna que une a la Trinidad. Sabemos que amar nos hace participar del amor de Dios, pero con frecuencia resulta difícil amar. Cuando nos quedamos sin fuerzas, podemos recordar que escuchar nos hace participar de la vida divina.

CUANDO ESCUCHAR ES HACER
«Poned en práctica la Palabra»

Igual que hemos visto en relación con los verbos *pensar* y *mirar*, el verbo *escuchar* en el sentido cristiano del término no es sólo pasivo, sino que invita a la acción. El pueblo hebreo lo comprende en su experiencia en el desierto, cuando dice a Moisés: *Acércate tú, Moisés, a escuchar todo lo que diga el Señor nuestro Dios; nos repetirás todas las palabras del Señor nuestro Dios; nosotros las escucharemos y las pondremos en práctica* (Deuteronomio 5, 27).

Tras la invitación del pueblo, Moisés debe dar el primer paso: acercarse para escuchar. A continuación, repite lo que ha escuchado para que el pueblo, a su vez, pueda escuchar y cumplir estas palabras. En este caso no basta con escuchar, como nos advierte el apóstol Santiago: *Poned en práctica la Palabra, no os contentéis con escucharla: eso sería engañaros a vosotros mismos* (Santiago 1, 22). Hemos traducido *ginesthe dè poietai logou* por *poned en práctica la palabra*, pero la expresión quiere decir, literalmente: *convertíos en hacedores de palabra. Hacedores* en el sentido de *artesanos* de la palabra. Este término es el que dará lugar a «poeta»: aquel que es artista de las palabras, fabricante de palabras.

Tenemos que hacer la Palabra, darle cuerpo, darle vida. La Palabra oída debe ser hecha; si no, nos engañamos, nos hacemos ilusiones de que hay una Palabra que podría salvarnos sin cambiar nada de lo que somos. El *hacedor de palabras* es un artesano, como esos que hacen ángeles en la nieve y como las fábricas que construyen nubes. Eso es lo que Dios puede esperar de nosotros, lo que precisamente nosotros esperamos de Él, a saber, que nos oiga y acuda en nuestra ayuda si clamamos a Él. *Hacer la Palabra* es lo que Dios cumple cuando envía su Verbo a tomar nuestra carne. La Palabra se hizo hombre. Escucharla y hacerla nosotros no es, en el fondo, más que hacer que Cristo venga en nosotros. Hacer que venga su Reino es, a ejemplo de Moisés, escuchar y repetir. Es permitir que los demás escuchen la misma Palabra.

En el mero hecho de escuchar y de poner en práctica la Palabra de Dios tenemos, por tanto, el camino cristiano por excelencia. Al final de un día agotador, ¿puedo decir que me he acercado al Señor? Quizá podamos sencillamente preguntarnos si hemos sido escuchados; como Jesús, que puede decir a Dios Padre: *Te doy gracias porque me has escuchado*. No es fácil, pero a veces encontramos un oído atento, incluso por parte de un extraño. Sentimos que Dios mismo nos ha escuchado, aunque sigamos todavía con nuestras tinieblas y nuestras dificultades. Es lo que se desprende del testimonio de las víctimas de abuso de toda clase: el hecho de haber sido escuchado es el primer paso de la curación. En realidad, es el primer paso de toda justicia. La justicia que no escucha a la víctima ni al acusado no merece llamarse justicia.

PELAR
«MÁS VALE UN PLATO DE VERDURAS SERVIDO CON AMOR»

Para ir algo más lejos, preguntémonos si hemos escuchado realmente. Y en primer lugar a Dios, por supuesto; pero, como sabemos, Dios nos habla también a través de otras personas. No me refiero a unas señales o mensajes especiales que recibiríamos durante un encuentro fortuito. Quiero decir que, cuando escuchamos a alguien y lo amamos, prestamos oído a Dios.

Cuando yo estudiaba teología en el convento de Lyon, entre clase y clase visitaba a los enfermos en el hospital Saint-Joseph. No era fácil. Siempre sentía aprensión antes de empujar la puerta de una habitación. Me daba miedo ver la muerte que aguardaba al fondo de la estancia. Me daba miedo enfrentarme en la cama con un silencio a menudo infranqueable, con un barranco en el que no oía sino el eco de mi propia voz. Tenía que permanecer callado, pero no lo conseguía. Había ese olor que nuestro cuerpo teme, un olor a hospital, el mismo en todas partes, que nos recibe cuando nacemos y nos despide cuando morimos. Un día, de improviso, una puerta desprende un perfume nuevo, el de una anciana, un olor a cocina y a mesa de formica. Es bella. Incómodo, digo las trivialidades habituales:

–Buenos días, ¿cómo está usted? ¿Por qué está aquí?

Hablamos de que la van a operar. Luego me dice:

–Preferiría morirme.

Era brutal, pero no era el olor a muerte. Entonces pregunto educadamente si puedo sentarme, y ella acepta, aunque dice:

—No se quede mucho tiempo, porque estoy cansada.

Era como su deseo de muerte: una petición de vida reflejada en un espejo. Se llama Françoise. Durante una hora hablamos de su vida, de su divorcio, de sus hijos. Yo le cuento mis visitas al hospital. Con falsa humildad menosprecio mi trabajo frente al de los médicos y los enfermeros:

—Ellos curan, yo vengo solamente a hablar y a escuchar. En definitiva, no sirvo para nada.

Protesta. También ella ha visitado enfermos en el hospital:

—Las visitas las hacía también en Lyon. Hace mucho tiempo. Veía a mucha gente. Los hombres hablan y hablan, sin profundizar. Pero a las mujeres hay que desarmarlas, desbloquearlas desde dentro, para permitirles que vacíen su saco, que expulsen todas sus mierdas… Ups, perdón, soy una malhablada.

—No se preocupe, he escuchado cada cosa…

Nos reímos, y veo en sus ojos que ha nacido una complicidad. Continúa:

—En resumen, hay que mostrarles que estamos allí, que también tenemos mierdas, y eso… las anima a abrirse. Les hace darse cuenta de que no están solas. Sabe usted, me han dicho *gracias*. Por consiguiente, no me diga que usted no sirve para nada. Lo que usted hace es muy valioso.

Como su deseo de muerte, como su deseo de estar sola, su rudeza escondía una gran dulzura. Sabía escuchar. También sabía callar. Tras un silencio, Françoise murmura:

—La vida es dura. La vida es dura.

Lo había dicho mirando al vacío. Era una cantinela que venía de lejos. Yo replico:

—Pero a veces también es hermosa, ¿no?

—Sí, pero es dura… Por eso, todo eso… Dios… me cuesta creerlo. Basta con abrir los ojos. Frente a tanta miseria, tanta injusticia… ¿dónde está Él? Si realmente existiera, no permitiría que pasara esto.

Desde la ventana se veía la basílica de Fourvière y la Virgen dorada arriba del todo, con los brazos abiertos hacia abajo, ofreciendo las palmas de las manos. Presentaba a los lioneses al buen Dios con esa misma súplica: «¿Dónde estás?».

Le contesto:

–Sí… es lo que le digo con frecuencia a Dios: «¿Por qué no haces nada?». Es, sin duda, como uno que hace visitas en el hospital: no puede hacer gran cosa, pero de todas formas ahí está, al lado, y se lleva todas las mierdas de la gente.

Ella suelta una carcajada radiante. Se queda callada y luego continúa:

–Cuando usted hace una visita, hace algo bueno. ¡Es como pelar las verduras!

Seguimos hablando. Después tengo que irme. Antes de marcharme, le digo:

–Françoise, me gustaría decirle algo, si me lo permite.

Asiente con la cabeza. Yo continúo:

–Es usted muy hermosa.

–¡Pero si debo de tener las mejillas hundidas! Y los ojos llenos de angustia.

–Tiene unos ojos muy bonitos.

Nos separamos como buenos amigos. Nunca la volví a ver. Leí su esquela. Recuerdo sus palabras: *Escuchar es como pelar las verduras*. Esta expresión lo tiene todo: la sencillez y la belleza de un acto cotidiano que nos hace vivos. Veo sus manos alrededor de las zanahorias y las patatas, sobre la bolsa de plástico que las contenía. Veo el pelador que dibuja grandes mondaduras. Pelar es permitir a alguien desarrollarse, es retirar tal vez ese envoltorio apagado y sucio, lo que ella llamaba las *mierdas*. Pero la que pela se pone al descubierto y se desvela tanto como las zanahorias. Françoise, al pelarme, me lo había dejado entrever. Ese Dios del que ella dudaba se desvela al escucharnos. Su oído atento expresa ya, antes incluso de cualquier acción, su amor por nosotros. Escuchar cómo se pela, qué acto tan trivial. Y, sin embargo, la Sabiduría nos enseña que *vale más un plato de verduras con amor que un toro cebado con rencor* (Proverbios 15, 17).

Al caer la tarde, no logro rezar. Pero, si puedo decir que he escuchado como quien pela verduras, entonces Dios está conmigo. Y me sigue escuchando en este día que termina. Escucha también a la anciana que piensa en sus verduras, en esa habitación de hospital.

IV
CREER

Amén, amén os digo:
el que escucha mi Palabra
y cree en el que me ha enviado,
recibe la vida eterna
y se libra del juicio,
pues ha pasado de la muerte a la vida.

(Juan 5, 24)

¿Cabría una cita mejor para pasar del acto de *escuchar* al acto de *creer*? Hemos visto que la escucha va unida al hecho de actuar, y aquí Jesús nos dice que va unida al acto de creer. Es un camino de fe, y es también un camino accesible cuando nos faltan las fuerzas. Si rezar nos agota, el acto de creer es, en cambio, la fuente silenciosa que precede a toda palabra. El salmista cuenta la emoción del pueblo hebreo cuando sale del mar Rojo: *Justo entonces creen en su palabra y cantan su alabanza* (Salmo 105). En respuesta a los actos del Señor, está el acto de la fe; y después el acto de orar, que aquí es canto de alabanza. No pasa nada si no siempre conseguimos verbalizar, o sencillamente exultar, porque carecemos de tiempo para traducir en modo humano lo que vivimos en modo divino. Cristo nos dice sin rodeos que, cuando creemos, *pasamos ya de la muerte a la vida*. Debemos profundizar en ello para extraer la fuerza necesaria y permanecer en Dios incluso cuando ya no sabemos rezar.

Con todo, *creer* es una palabra muy grande. La fe es un campo inmenso, junto a la caridad y a la esperanza. No voy a entrar en explicaciones teológicas complejas. Veamos, más bien, cómo nos habla la Biblia del acto de creer y cómo podemos intentar vivirlo nosotros.

CREEMOS
«Creéis en Dios»

Si continuamos con la cita anterior, llegamos al capítulo sexto del evangelio según san Juan, donde está escrito lo siguiente: *Ellos le dijeron: «¿Qué debemos hacer para trabajar en las obras de Dios?». Jesús les respondió: «La obra de Dios es que creáis en aquel que Él ha enviado»* (Juan 6, 28-29).

En la cita inicial y en esta tenemos dos afirmaciones que se responden y se complementan mutuamente. Jesús invita a creer en Aquel que le ha enviado, es decir, el Padre, y en aquel a quien ha enviado, o sea, él mismo como Hijo.

Creer en ambos no es una obra humana, sino una obra divina. Es la obra de Dios. Igual que una catedral es obra de un arquitecto, la obra de Dios es la catedral de nuestra fe. Entended bien: nuestra fe, con su *nosotros* comunitario, y no sólo nuestra fe individual.

Creemos juntos. Algunos días nos resulta liberador encontrarnos sencillamente ante este misterio. No se trata de la actitud del rebaño que sigue tontamente lo que hacen los demás. Se trata de beneficiarnos de la fuerza de los que caminan con nosotros; de apoyarlos cuando son ellos los que están agotados. Tengo un recuerdo que ilustra este camino. Yo soy, más bien, uno al que sostienen en materia de fe. No estoy en el desierto de la duda, pero mi fe tiene sus debilidades. Por la tarde, durante la oración, veo a mis hermanos rezar a mi alrededor, en la capilla que permanece en silencio, y me apoyo en su oración. Si no consigo rezar, me digo que, al menos, *nosotros* rezamos. Creemos juntos, aunque no conozca la naturaleza de la fe de mis hermanos. Cuando me levanto por la mañana, ellos están allí en la capilla, y eso me basta.

Pues bien, un día acudí al cementerio parisino del Père Lachaise con motivo de las exequias de la abuela de una amiga. La conocía bien, porque ella me había alojado durante una larga estancia en París, justo antes de mi entrada en la Orden de los dominicos. La llamaban Mimí. Era protestante, y cantábamos cánticos luteranos que ella acompañaba al piano: *¡Nuestro Dios es una muralla!* Poseía también un pequeño velero, en un puerto de la isla de Yeu, donde pasaba los veranos. Recuerdo los aperitivos en el puente. A mi memoria acude la imagen de los desayunos que tomábamos frente a frente, escuchando en silencio la radio, y las tostadas crujientes. Pasó el tiempo, nos escribíamos por Año Nuevo, pero no la había vuelto a ver desde que me hice religioso. Esos funerales representaban, por tanto, un momento doloroso. A pesar de ser casi verano, el cementerio estaba totalmente verde. Hacía muy buen tiempo y había muchos pájaros. Yo iba vestido con el hábito dominico, con la túnica blanca, el escapulario y la capucha: una figura un poco fantasmal en medio de las tumbas. Hablaba con la familia, en especial con la madre de mi amiga. Le dije:

–Es una tontería, pero me habría gustado que Mimí me hubiera visto con mi hábito de religioso…

–Pero bueno –respondió ella–, ¡desde donde está, te ve!

Yo miraba al cielo y contesté muy despacio:

–Bueno… eso espero.

Pero la esperanza que invocaba estaba teñida de duda. Mi voz lo dejaba traslucir. Como si tuviera que esperar algo que me sobrepasaba, como si estuviera ocultando púdicamente mi fe por no estar seguro de lo que debía afirmar: que Mimí podía verme ahora, desde allá arriba, incluso que ese allá arriba existía.

Ella reaccionó:

–Pero, Rémi, si tú no crees, ¿cómo quieres que creamos nosotros?

Tenía razón. En medio del duelo de esa familia, yo tenía que aceptar por una vez no ser sostenido. Debía afirmar aquello que creía: que ese cementerio no era el callejón sin salida definitivo de su vida. En pocas palabras, que Mimí vivía. No se trataba de la afirmación de un saber, de una certeza, sino precisamente de una fe, la fe de los cristianos. Mi fe, pero también la fe de esa madre que, al pedirme que creyera, manifestaba con ello la fuerza de su propia fe. Sin saberlo, ella me repetía estas palabras de Cristo: *Que no se turbe vuestro corazón: creéis en Dios, creed también en mí* (Juan 14, 1). Como un centinela, ella me había señalado la aurora, y la tierra lejana que se vislumbra al final del viaje. En ese breve instante, rodeados de muertos, construíamos la obra de Dios, el monumento de nuestra fe. Sí, Mimí podía ver mi hábito, quizá felicitarme, y decirme que le recordaba a las velas de su barco. Y bajo ese barco, en el fondo del agua, estaba nuestra fe, *como un ancla segura y firme para el alma* (Hebreos 6, 19).

CREER COMO CRISTIANO
«CREEREMOS EN ÉL»

En el Antiguo Testamento aparece raras veces el verbo *creer*, y no tiene un sentido tan fuerte como en nuestra fe cristiana. Se trata, más bien, de confiar. Por ejemplo, en el libro de los Números: *El Señor dijo a Moisés: ¿Hasta cuándo me despreciará este pueblo?*

¿Hasta cuándo se negará a creer en mí, a creer en todos los signos que he realizado en medio de ellos? (Números 14, 11).

Dios se entristece porque el pueblo se niega no sólo a creer en él, sino también a creer en sus milagros y en sus signos, a creer en su presencia *en medio de ellos*. Por tanto, es cuestión de confianza, pero no de una confianza ciega. Sabemos que la confianza se construye sobre la experiencia; yo sé que puedo confiar en determinada persona porque me ha dado muestras de que puedo contar con su ayuda. La confianza implica un riesgo, un paso en lo desconocido, pero aceptar el riesgo es lo que hace crecer la confianza. En eso se apoya Israel: en la liberación de la opresión de Egipto, el paso del mar Rojo y la posesión de la tierra prometida.

Con Cristo, Dios nos invita a un nuevo modo de creer, tanto para los que lo vieron como para aquellos que, como nosotros, sólo pueden oírlo. Se trata de ver lo que no se ve, de ver lo que está más allá de la evidencia. Un ejemplo de esta confrontación de dos maneras de creer lo tenemos en el evangelio según san Mateo. Al pie de la cruz, se escucha decir a algunos: *Salvó a otros y a sí mismo no puede salvarse.*

Es rey de Israel, pues ¡que baje ahora de la cruz y creeremos en él! (Mateo 27, 42). Se trata de una actitud judía típica del Antiguo Testamento: el pueblo pide un signo para poder creer, Jesús tiene que ganarse su confianza bajando de la cruz. Lo injusto es que reconocen que ha habido signos (*salvó a otros*), pero la realidad de la cruz es tan horrenda que invalida, según ellos, los signos anteriores. No pueden creer más que lo que ven, aquí y ahora, como el apóstol Tomás:

> Los otros discípulos le decían: «Hemos visto al Señor». Pero él declaró: «Si no veo en sus manos las señales de los clavos y no meto mi mano en la herida de su costado, no creeré» (Juan 20, 25).

Tomás quiere un signo visible: las marcas de los clavos. Y se atreve incluso a ir más lejos: quiere ver con sus ojos y tocar con sus manos. Necesita nuevos signos para restablecer una relación de confianza y, por tanto, una relación de fe. Sabemos cómo sigue este pasaje (aunque ignoramos si finalmente metió la mano en las llagas o no) con la respuesta de Jesús: *Porque me has visto, crees. Dichosos los que crean sin haber visto* (v. 29).

Jesús está hablando de nosotros. Somos dichosos por creer en él sin haberlo visto, igual que somos dichosos si pensamos en el pobre y en el débil. Al final de esta escena encontramos aquello que podemos realizar cuando ya no sabemos rezar, cuando carecemos de fuerzas. Creer es un mandamiento de Cristo, y es ya una bienaventuranza.

Pero ¿cómo ponerla en práctica?, ¿cómo creer? Una de tantas maneras de creer es hacerse cercano.

ESTAR CERCA
«No temas, sólo cree»

La cercanía implica, en primer lugar, tener confianza. Ciertamente es difícil de determinar. No obstante, siempre podemos constatar lo siguiente: a pesar de todas las oscuridades de nuestra vida, seguimos levantándonos por la mañana, aun cuando no siempre tengamos buenas razones para hacerlo. Aunque no sabemos qué pasará mañana, ni si será realmente mejor que hoy, pensamos, no obstante, que Dios continúa guiándonos. En esto somos como Abrahán, según nos lo presenta la Epístola a los hebreos: *Gracias a la fe, Abrahán obedeció a la llamada de Dios: partió hacia un país lejano que debía recibir en herencia, y partió sin saber a dónde iba* (Hebreos 11, 8). La última parte es quizá la que mejor se adecua a nosotros, pues ¡cuántas veces hemos experimentado esa sensación de salir sin saber a dónde vamos! No se trata tanto de ignorar nuestro destino (normalmente sabemos a dónde vamos cuando tomamos el autobús), sino de no saber qué nos pasará en el lugar al que dirigimos nuestros pasos. Vamos a visitar a unas personas de nuestra familia con las que no tenemos buena relación. Vamos al juzgado. Vamos a una cita con el médico, porque hemos recibido unos resultados preocupantes. ¿Qué va a pasar? Puedo decidir tener confianza: creer que *todo concurre al bien de los que aman a Dios.*

La cercanía, cuando hay confianza, implica, por tanto, abandonar el miedo. Tener miedo es humano. Jesús mismo *sudó sangre* en el huerto de Getsemaní… Tenemos derecho a temer. Pero ¿a qué? Podemos tener miedo de lo que atenta contra nuestra vida, aunque no temamos tanto la muerte. ¿Podemos tener miedo de creer? Eso es lo que ocurre en Jerusalén, con ocasión del nacimiento de Jesús en Belén: los magos buscan al rey de los judíos que acaba de nacer, y *al enterarse de ello, el rey Herodes se sobresaltó, y toda Jerusalén con él* (Mateo 2, 3). Tienen miedo de dar el paso de la fe. Temen creer en la venida del Mesías. Este miedo recorre todos los evangelios y alcanza a los sumos sacerdotes y a los fariseos, que tienen miedo de que el pueblo pueda creer: *Si le dejamos actuar, todo el mundo va a creer en él, y vendrán los romanos a destruir nuestro lugar santo y nuestra nación* (Juan 11, 48). Es un miedo que puede habitar en nosotros, porque la fe transforma nuestras vidas, nos lanza a lo desconocido. ¿Tenemos miedo de poner nuestra confianza en Dios? Si respondemos afirmativamente, entonces tenemos las palabras de Cristo al padre de la hija de Jairo cuando proclaman su muerte: *No temas, sólo cree* (Marcos 5, 36).

Entonces, con confianza y sin miedo, podemos estar cerca unos de otros. Como escribía al comienzo de este capítulo, creemos juntos: la proximidad entre los creyentes es necesaria.

He encontrado esta cercanía en la novela de John Steinbeck *Las uvas de la ira*. Los personajes son expulsados de sus tierras y emprenden un camino desesperado hacia California. Entre ellos se encuentra Casy, un antiguo pastor, y Sairy, una anciana a punto de morir. Llaman a Casy para que vaya junto a Sairy:

> Se dirigió a la tienda de los Wilson, apartó la cortina de la entrada y penetró en el interior. Hacía calor y estaba oscuro. El colchón se encontraba directamente en el suelo y todos los bártulos estaban diseminados aquí y allá, pues esa misma mañana lo habían descargado todo. Sairy yacía sobre el colchón, y sus ojos parecían todavía más grandes y luminosos. Él se quedó de pie, mirándola, con su gran cabeza inclinada sobre ella, y los tendones se le salían a cada lado del cuello. Se quitó el sombrero y lo conservó en la mano. Ella dijo:
>
> –[…] Le he mandado llamar para que diga una oración.
>
> –No soy pastor –dijo a media voz–. Mis oraciones no tienen valor.
>
> Ella se humedeció los labios:
>
> –Yo estaba allí cuando murió el viejo. Usted dijo una oración por él.
>
> –No era una oración.
>
> –Lo era.
>
> –No era una verdadera oración de pastor.

—Era una buena oración, me gustaría que dijera una por mí.

—No sé qué decir.

Ella cerró los ojos por espacio de un minuto, luego los volvió a abrir:

—Entonces dígase una a sí mismo. No hacen falta palabras. Eso bastará.

—Yo no tengo Dios —dijo él.

—Tiene un Dios. Aunque no sepa cómo, eso no cambia nada.

El pastor inclinó la cabeza. Ella lo observaba con preocupación y, cuando volvió a levantar la cabeza, pareció aliviada.

—Está bien —dijo—. Es justo lo que me hacía falta. Tener a alguien lo bastante cerca como para rezar.

A las puertas de la muerte, en un cementerio parisino o en una carretera americana, el acto de creer une a los que están exhaustos. Es posible que no tengamos palabras, es posible que ya no sepamos rezar, incluso puede que necesitemos a otro para que vuelva a encender la llama de nuestra fe: nos queda saber que estamos lo bastante cerca como para cerrar los ojos por un momento y poner nuestra vida en las manos de Dios. Nos queda decir con los apóstoles: *Señor, auméntanos la fe* (Lucas 17, 5), pues nuestra fe sólo puede crecer cuando estamos juntos. Esta búsqueda extenuante tenemos que hacerla codo con codo, a contracorriente de nuestro mundo, que inventa plataformas de hormigón a imagen de las plataformas petrolíferas que se mantienen, inmóviles, solas, contra viento y marea, hasta que explotan y derraman sangre negra.

Tenemos que ser humildes para estar cerca unos de otros, compartiendo nuestra condición de mortales, porque: *No sabéis siquiera lo que será de vosotros mañana. No sois más que un poco de bruma que aparece un instante y luego desaparece* (Santiago 4, 14). Si alrededor de nosotros no vemos sino soledad, proclamemos que no estamos solos frente a ese puente empapado de niebla. Bajo él, un acantilado, las olas, el océano. Y tenemos que creer que esa bruma que somos nosotros es ya Dios. *Yo salí de la boca del Altísimo, y como neblina recubrí la tierra* (Eclesiástico 24, 3).

V
QUERER

Hágase tu voluntad
en la tierra como en el cielo.

(Mateo 6, 10)

Franqueamos una nueva etapa con el verbo *querer*, porque es un acto humano mucho más exigente que los anteriores: *pensar*, *mirar*, *escuchar*, *creer*. No exige ningún esfuerzo físico y, sin embargo, nos pone a prueba. Nos podría parecer que no hay nada más sencillo para un cristiano, puesto que se trata simplemente de querer lo que Dios quiere. Es la oración del Padrenuestro: Señor, quiero que se cumpla tu voluntad aquí abajo, igual que ciertamente se cumple en el cielo. No obstante, querer lo que Dios quiere no fue tan sencillo para Cristo: *Se fue un poco más lejos, cayó rostro en tierra y oraba así: «Padre mío, si es posible, que pase de mí esta copa. Pero que no sea como yo quiero, sino como quieres tú»* (Mateo 26, 39). Jesús quiere verse libre del sufrimiento y, a pesar de todo, quiere que no sea como él quiere. ¿Acaso no experimentamos nosotros mismos estos desgarros? No queremos lo que quere-

93

mos, y a la inversa. Pero en las palabras de Cristo hay también un abandono que puede sacarnos de esta espiral de la voluntad que ya no sabe qué querer. Él cayó rostro en tierra, como nosotros podemos hacer al final de una jornada. Justo cuando ya no encontramos palabras, todavía podemos querer: eso es lo que vamos a explorar en este capítulo.

NUESTRO QUERER EN DIOS
«No es cuestión del hombre que quiere»

Querer en Cristo es lo opuesto de ese discurso tan frecuente que diviniza la voluntad. En uno de sus libros, el escritor francés Christian Bobin se burla de este hombre hecho a sí mismo que «actúa según una idea escurridiza de sí, según una idea que le impone no disfrutar nunca del descanso, sino del movimiento. Le pasa como a todos los hombres que adoran la fuerza luminosa de la voluntad: se diría que no duerme nunca»[1].

---

1. C. Bobin, *La part manquante*, Paris 1989, 51.

El escritor subraya una paradoja opuesta a la agonía de Cristo. El que adora su voluntad se encuentra huyendo de sí mismo, al contrario que Jesús, que expresa su voluntad poniéndola en las manos del Padre. En la voluntad hay una fuerza luminosa y, cuando conseguimos aprovecharla, podemos realizar grandes cosas. Pero la voluntad puede arrastrarnos a una actividad perpetua. Cristo, cuando se abandona, está rostro en tierra. Está clavado al suelo, allí donde otros se han arrojado a un pozo sin fondo. Duerme en la barca cuando otros nunca gozan de descanso. Podemos deplorar una y otra vez nuestra falta de voluntad, incluso en el camino de la santidad, pero nuestra culpabilidad no está exenta de cierto orgullo. Nos lamentamos de no haber deseado lo suficiente, mientras que Dios sólo nos invita al descanso: a descansar nuestro deseo sobre su deseo, pues Él sabe desear mejor que nosotros. Es como aceptar encomendarse a la lluvia en lugar de intentar regar a cualquier precio cada parcela de nuestro campo.

No se trata de *no querer nada*, como buscan algunos budistas o como practican los estoicos. Ellos luchan contra su propia voluntad, o bien la acallan. Para nosotros se trata, por el contrario, de querer: de adecuar nuestra voluntad con la de Dios, de orientarla en la misma dirección, como las ramas de un árbol que tienden hacia el cielo a pesar de su peso. Lo experimentamos cuando deseamos ardientemente algo para alguien distinto de nosotros. Pienso en un ser cercano con depresión, con pulsiones de muerte: yo quiero que viva. Sentimos entonces hasta qué punto estamos desvalidos, pero ¿cómo íbamos a dejar de desear? El último recurso para no ahogarnos es encomendarnos a la voluntad de Dios, que sólo puede querer el bien, que sólo puede desear la vida. Ya no quiero yo solo, quiero con Él. Hay un personaje de los evangelios, con frecuencia olvidado, que atraviesa la misma prueba y no tiene más opción que ceder valientemente. Se trata de Salomé, la madre de Santiago y Juan, los hijos de Zebedeo, en el evangelio según san Mateo: *Entonces la madre de los hijos de Zebedeo se acercó a él junto con sus hijos y se prosternó para pedirle algo. Jesús le dijo: «¿Qué quieres?». Ella respondió: «Manda que mis dos hijos se sienten uno a tu derecha y otro a tu izquierda en tu Reino»* (Mateo 20, 20-21).

Salomé expresa con claridad lo que quiere; no para ella, sino para sus hijos. Quiere que estén cerca de Cristo en su Reino. Lo pide en presente y señala precisamente a sus dos hijos. Yo ruego de la misma manera: «Señor, envíanos nuevas vocaciones. Envíanos… diez novicios dominicos. Para este próximo septiembre. ¡Diez no, veinte! Unos hermanos que no te abandonen nunca». Precisamos lo que queremos, olvidando casi que Dios conoce nuestros corazones y sabe de antemano lo que necesitamos. Salomé presenta su petición, y conocemos la respuesta de Cristo: *No sabéis lo que pedís. ¿Podéis beber la copa que yo voy a beber?* (v. 22). Entonces, el Maestro se dirige a Santiago y Juan y les pide permiso para cumplir la voluntad de su madre. Podemos desear el bien para alguien, pero no se realizará sin su consentimiento. Por eso, no sabemos si todos los hombres se salvarán. Santiago y Juan responden: *Podemos*. El deseo de su madre lo asumen sus hijos: no sólo queremos, sino que podemos hacerlo.

Pedro pronunciará el mismo discurso. Sin embargo, en la Pasión, todos ellos huyen. Tan sólo permanece presente Juan. En cambio, está lejos de beber la misma copa, como hacen los dos ladrones, crucificados uno a su derecha y otro a su izquierda. Igualmente, Salomé está lejos de la cruz: *Había también unas mujeres que observaban desde lejos, entre ellas María Magdalena, María, la madre de Santiago el menor y de José, y Salomé, que seguían a Jesús y lo servían cuando estaba en Galilea* (Marcos 15, 40-41)[2].

Salomé estará también junto al sepulcro en la mañana de Pascua. ¿Qué pensar de ello? Había expresado claramente su voluntad, pero se fue sin haber puesto toda su confianza en Dios de manera incondicional. Su fidelidad la conduce hasta la tumba, mientras que todo parecía decirle que su petición no había sido escuchada. ¿Dónde estaban los tronos del Reino? Lo único que había para sentarse era el árbol seco, el tronco de Jesé desarraigado. En la muerte ya no hay derecha ni izquierda. Salomé se queda. Puede hacerlo porque ha hecho suyas las palabras de su Señor: *No lo que yo quiero, sino lo que tú quieres* (Marcos 14, 36).

---

2. «La madre de los hijos de Zebedeo tan sólo tiene un motivo para estar presente: su fe y su compasión, así como su fidelidad de mujer discípula», M. de Lavinfosse - E. Durand, *Naître et devenir, La vie conversante de Jésus selon Matthieu*, Paris 2021, 146.

No ha desesperado de la misericordia y de la ternura de Dios, ha abandonado su voluntad en sus manos. Así es como Pablo puede decir en su Carta a los romanos: *Porque él dijo a Moisés: Yo tengo misericordia y piedad de quien tengo piedad. No es cuestión del hombre, que quiere o que corre, sino de Dios que tiene misericordia* (Romanos 9, 15-16).

No tenemos que correr, no tenemos que rehuir el descanso. No es grave si no logramos desear. Lo decisivo es la misericordia de Dios. Aunque Salomé ha deseado para sus hijos, aunque ha corrido a la tumba la mañana de Pascua –lo cual en sí es bueno–, lo que cuenta es su fe en la misericordia de Dios. Ella había puesto su voluntad en las manos de Dios.

EL BANQUETE DE LA VOLUNTAD
«MI ALIMENTO ES HACER LA VOLUNTAD»

La voluntad de Dios, por consiguiente, es lo primero, y esta primacía puede liberarnos de nuestra voluntad insaciable. Pero como Dios es bueno, sabe también mejorar nuestra voluntad y la respeta, puesto que Él ha querido que seamos libres. Por eso, debemos *querer*. Además, Jesús pregunta siempre qué queremos. Así, en el evangelio según san Mateo se recuerda que, en respuesta a los gritos que le dirigían dos ciegos al borde del camino, *Jesús se detuvo y los llamó: ¿Qué queréis que haga por vosotros?* (Mateo 20, 32).

Y aunque la respuesta puede parecer evidente, Jesús quiere, sin embargo, que sean capaces de pedir en voz alta lo que quieren. Ciertamente, saber lo que queremos (o lo que no queremos) es el primer paso para encontrar y abrazar la voluntad de Dios. Los dos ciegos contestan: *Señor, que se nos abran los ojos* (v. 33). Es un anhelo de una gran belleza, lleno de confianza. Nunca habríamos conocido el fondo de su corazón si Jesús no les hubiera dejado el campo libre para expresar su deseo: no sólo regresar a un estado anterior, o sea, volver a la normalidad, sino que se les abran los ojos. No sólo los párpados, sino las puertas que permiten que entre en su ser la luz, que es también la voluntad de Dios. Abrir, en este orden, los postigos, las ventanas y las cortinas.

Los ciegos hacen que a su deseo le preceda la invocación *Señor*, como Tomás cuando reconoce a Jesús resucitado: *Señor mío y Dios mío*. La fe, por consiguiente, ha abierto su boca antes de que sus ojos puedan abrirse. Cuanto más grande es esta fe, más se transforma la voluntad, como le ocurre a la mujer cananea: *Jesús le dijo: «Mujer, qué grande es tu fe, que suceda como deseas». En ese preciso instante su hija quedó curada* (Mateo 15, 28).

¡Qué fuerza tienen estas palabras! Es como si Jesús, ante la fe de esa mujer –extranjera y pagana–, pusiera su poder en sus manos, es decir, permitiera que se cumpliese todo lo que ella quiere. La consecuencia inmediata es que su hija efectivamente se cura. Este encuentro nos muestra lo buena que puede ser la voluntad humana; no esa voluntad que hemos convertido en un ídolo, de la que adoramos la fuerza que nos volvería sobrehumanos. Es, más bien, la voluntad que confía tanto en Dios que ya no importa su objeto. Tal vez esto sea lo que quería recordar san Agustín cuando afirmaba: *Ama y haz lo que quieras*.

Podemos comprender lo que los discípulos no pudieron comprender en ese momento: las palabras de Jesús que transmite el evangelio según san Juan:

> Mientras tanto, los discípulos lo llamaban diciendo: «Rabí, ven a comer». Pero él respondió: «Yo tengo para comer un alimento que vosotros no conocéis». Los discípulos comentaban entre ellos: «¿Le habrá traído alguien de comer?». Jesús les dijo: «Mi alimento es hacer la voluntad del que me ha enviado y realizar su obra» (Juan 4, 31-34).

A veces los discípulos son un poco obtusos, pero aquí su llamada es franca y fraternal: *Rabí, ven a comer*. Se diría que la proyectan a lo lejos, como si Jesús se hubiera apartado para orar. Este *ven a comer* expresa una cierta impaciencia. Resuena en todas las cocinas del mundo: «¡Niños, a comeeer!». Encontramos aquí a Dios en la tierra, el Señor hecho hombre, al que se llama a comer como a un chiquillo. ¿Conocemos alguna invitación más hermosa y sencilla? En nuestros monasterios y conventos es la campana la que nos llama a la comida fraterna, igual que nos invita a la oración: «Hermano, ven a comer, ven a rezar; es lo mismo». Cristo responde de manera desconcertante: «Tengo ya algo de comer, y no sabéis lo que es». Tras el asombro viene la explicación de Jesús: su alimento es hacer la voluntad de Dios. Jesús no está hablando sólo de manera metafórica, puesto que responde a la invitación concreta de sus discípulos. ¿Cómo entender la afirmación de que la voluntad de Dios podría ser nuestro alimento? Si es un alimento que no conocemos, ¿cómo nos va a sustentar?

Es como el banquete de Virgilio. No he olvidado su nombre, porque sólo conozco dos Virgilios. Sucedió durante un viaje que hicimos juntos en coche. Lo recogí en casa de su madre y ya no recuerdo dónde se bajó. Atravesábamos Francia, de Rennes a Lyon. Me habló de aquella tarde en que había saltado por la ventana. Me dijo: «No quería morir, pero tampoco quería seguir viviendo». Yo pensé: es lo que gritan todas las hojas de otoño. Tuvo una mala caída, desde el piso tercero, como una hoja. En el momento de caer –me dijo–, «recé». Es el último paso hacia Dios que resuena en todo el universo. *Al ruido de su caída, la tierra tiembla; el eco de su grito se hace oír hasta el mar de los Juncos* (Jeremías 49, 21). Virgilio se estrella contra un coche y pasa muchos meses en el hospital. Tras el grito, queda estrellado el *no querer seguir viviendo* y surge el *no querer morir*. Es el banquete de la voluntad de Dios, el abandono de todos nuestros falsos deseos. Un banquete de noviembre, de castañas y de caza. En el asiento del copiloto su rostro resplandecía, yo lo veía muy vivo. Dios borra la negación, porque en Dios no hay negación, y permanece el *querer vivir*. Yo lo volvía a ver abrazando a su madre al partir, y veía a su madre, que me decía sonriente: «Cuídelo bien». Era la oración de Salomé. Confiaba, porque se había hecho la voluntad de Dios. Le habían devuelto a su hijo. Su hijo vivía, todo había transcurrido en el intervalo de un segundo, el de su caída, esa caída que él apreciaba tanto y que incluso deseaba a otros. Su caída en Dios y su vuelta a levantarse. Desde entonces, al final de cada otoño, veo por mi ventana una alfombra de oraciones. Y a Virgilio, que barre las hojas muertas; las hojas que siguen cayendo para conocer a Dios.

Confiando en la misericordia de Dios, podemos abandonarnos. Cuando no nos quedan fuerzas, podemos poner nuestra voluntad en su voluntad y encontrar así descanso, adecuando nuestro querer a su querer. Basta un segundo, antes de dormir o antes de estrellarnos contra lo que no podemos evitar. Podemos celebrar un banquete con Dios, festejar ese alimento que no conocemos, el pan de su vida, la copa de la salvación, que a veces no se presenta hasta el momento en que una hoja toca el suelo. Podemos encontrar en Él la fuerza para querer.

VI
CAER

Despierta, Señor,
¿por qué duermes?
¡Levántate!
(Salmo 43)

¿No resulta raro pedirle a Dios que se levante? El que sostiene el mundo, ¿puede encontrar un lugar donde reclinar la cabeza? El viento se levanta, el sol y la niebla también. Un río puede salirse de su lecho. Decimos que un volcán se despierta. Entonces, *¿por qué duermes?* Un Dios no debe dormir, no puede dormir. Si no, el mundo se extinguiría. De acuerdo, pero *Él descansó el séptimo día de toda la obra que había hecho* (Génesis 2, 2). El descanso de Dios, su sueño, es la respiración de un mundo al borde del colapso. Si *su voz es como la voz del océano* (Apocalipsis 1, 15), es que puede conocer la calma de las grandes extensiones inmóviles. Tenemos derecho a no estar siempre en medio de una tempestad. A veces estamos en tierra, nuestros días se van precipitando y desplomando lentamente sobre nosotros. Nos derrumbamos en silencio y acabamos en el suelo, tendidos en la tierra de nuestras noches. Es el lugar de la calma, la del séptimo día, donde podemos tomar aliento. Es la última etapa de nuestro recorrido, el acto de *caer*, o más bien su resultado, *encontrarnos caídos*, como un lugar más de encuentro con Dios.

DESPLOMARSE
«HOY, CONMIGO»

Basta una caída, basta un paso. El paso de Margarita, en la iglesia de uno de nuestros conventos, todas las mañanas a las siete y media. Sus pasos no hacen nada de ruido, pues apenas roza las baldosas. Yo sabía que llegaba por el ruido de sus muletas. Avanzaba rítmica y pausadamente, como un niño que explora un lugar desconocido con pasos precavidos. Quienes están incapacitados suelen mover ambas muletas al mismo tiempo, con un salto, para suplir la pierna que les falla. Sin embargo, los bastones de Margarita hacen las veces de sus dos piernas. Sobre los pilares de la tierra, ella avanza al ritmo del curso de los astros.

Para nosotros, que miramos al cielo, se trata de una distancia ínfima. Pero entre su apartamento y los escalones de nuestra casa hay varios años luz. Está el abismo que separa el carrito para bebés de la tumba, o sea, lo que nosotros debemos atravesar para encontrar de nuevo el descanso. Un día me dijo: «Hay que ir a su encuentro». Lo dijo con mucha seriedad. Es un imperativo que vive con la fuerza de sus brazos. Podemos dejar que entre el sol en nuestra casa. Debemos también, a veces, ir a buscarlo al fondo de un bosque o en un área de servicio de la autopista que atraviesa los campos labrados de Alsacia. En el reverso de una foto me escribe: *Otoño, fuera de los senderos trillados, en la linde del bosque, del invierno también*. Es el espacio bisagra, al borde del acantilado, a la orilla de los siglos: hay que ir a su encuentro.

Al igual que Virgilio, Margarita encontró a Dios en una caída. Fue precisamente entonces cuando me dijo: «No se puede caer más bajo que en las manos de Dios». Aquella anomalía al andar, aquel equilibrio que cuestionaba las leyes físicas, fue lo que volvió luminoso para siempre el rostro de Margarita. Nosotros no nos levantamos todas las mañanas. Quiero decir que nos limitamos a poner los pies fuera de la cama. El sol tampoco se levanta. Se trata de una hermosa metáfora, eso es todo. Sólo quienes han caído realmente pueden hablar de las manos de Dios, de sus manos de papel de seda entre el cielo y el suelo. Ellos son los únicos que conocen la fuerza mortal de la gravedad y el poder salvador del aliento divino.

«Cuando uno está al pie de la cruz, ya ha amanecido». Me lo dijo ese mismo día. Lo apunté en una hoja, en su casa. Unas palabras salidas del horno. Pan caliente que ofrece la panadera. La certeza en los ojos de la panadera de haber resucitado ya. Ella había escuchado, como el buen ladrón: *Hoy estarás conmigo en el Paraíso* (Lucas 23, 43). Habría podido decir: *Esta mañana*.

Hablamos del *descendimiento* de la cruz, como si Cristo hubiera bajado algunos escalones, como si se hubiera deslizado con suavidad de mano en mano hasta los brazos de su madre. ¿Puede bajarse desde tan arriba sin caer? Esta es la última etapa de su venida a la tierra. Incluso el pesebre parece ahora demasiado alto. La barca ha tocado fondo. Al pie de la cruz se está abajo del todo, como Virgilio, como Margarita. Es el único lugar donde ya no es posible engañarse. Me engaño cuando busco la fuerza para levantarme por la mañana; me autoengaño, porque nunca he caído a los pies de la cruz. Se lo dice Simeón a María: *Este niño provocará que muchos caigan y se levanten en Israel* (Lucas 2, 34). Hay que conocer lo primero para experimentar lo segundo. Sólo Margarita puede decir sin engañarse: «Hay que esforzarse para vivir». También me lo dijo aquel día.

Sólo ahora podemos entender la fuerza que tiene la siguiente afirmación de la Epístola a los hebreos: *¡Es terrible caer en manos del Dios vivo!* (Hebreos 10, 31). Sí, resulta terrible, espantoso caer a los pies de la cruz, en manos del crucificado. Resulta más terrible todavía, con un temor impregnado de fascinación, cuando esa caída en lo más bajo hace posible volverse a levantar. Dios siempre acompaña al que cae para hacerlo libre: *El Señor los libra de las tinieblas mortales, hace caer sus cadenas* (Salmo 106).

HAY QUE VIVIR

«TE LO ORDENO, LEVÁNTATE»

Podemos decir a Dios con el salmista: *Levántate*. Y es como si se lo pidiéramos al infinito sucederse de las olas. Algo así como aullar a un mar aceitoso esperando ver surgir de sus profundidades la ola que nos traiga el rostro amante. Tan grandioso es que sea el Señor quien nos pida que nos levantemos. Él murmura a la superficie plana de nuestros días: *Levántate, recorre el país de punta a punta, pues te lo voy a dar a ti* (Génesis 13, 17).

¿Cómo acoger esta petición divina? *Pensar, mirar, escuchar, creer, querer* no requieren necesariamente mantenerse en pie. Levantarse es una acción que compromete todo nuestro cuerpo, todo nuestro ser. Hay mañanas en las que, para levantarnos, necesitamos tomarnos en brazos. Hay noches en las que nos arrebujamos en la cama con las sábanas bien remetidas, como si nos hubieran envuelto en un sudario como a Jesús.

También nosotros confiamos en ver una mañana de Pascua. Levantarse es, según el Señor Jesús, vivir.

Llegó cerca de la puerta de la ciudad en el momento en que llevaban a un muerto para enterrarlo; era hijo único y su madre era viuda. Una gran multitud de la ciudad acompañaba a esa mujer. Al verla, el Señor se compadeció de ella y le dijo: «No llores».

Se acercó y tocó el ataúd; los que lo llevaban se detuvieron, y Jesús dijo: «Joven, te lo ordeno, levántate».

Entonces el muerto se incorporó y se puso a hablar. Jesús se lo entregó a su madre (Lucas 7, 12-15).

Recuerdo el entierro de mi abuelo. Había mucha gente. Fueron muchos los que le dieron el pésame a mi abuela. Poco a poco, los acompañantes abandonaron el lugar, y ella se quedó sola en mitad del cementerio, mientras se dirigía a la salida. En el fondo, sus familiares más cercanos no habíamos entendido aún que a partir de ese momento estaba sola. Fue entonces cuando, ya lejos, la contemplo en la distancia. Por un instante, acude aquella imagen a mi memoria: está sola mientras cruza la puerta del cementerio y la cierra cuidadosamente, antes de encontrarse con la familia para la comida que se había organizado. Esta soledad es la que Jesús vislumbra en la viuda de Naín, a pesar de la muchedumbre que la rodea. La gente que la acompaña es como la corriente de las cosas de este mundo, pero Jesús toca el ataúd y detiene a los que lo llevan. La orden de Cristo no se dirige al joven, o, más bien, no se dirige únicamente a él. Va unida a *No llores*. Pide también a la madre que se levante, que viva. Entonces el hijo se incorpora para su madre, como nosotros a veces nos levantamos para los demás.

En cuanto se levantó, *Jesús se lo entregó a su madre*; le da por segunda vez a su hijo, igual que Pilato entrega el cuerpo de Jesús a su madre. Es un cuerpo inerte, me diréis, cuando lo bajan de la cruz. Sí, pero el cuerpo de Cristo muerto sigue hablando, igual que los aromas, el huerto y el sepulcro. Todo habla, incluso el océano, pues *en el mundo nada carece de voz* (1 Corintios 14, 10). A esta voz le falta volverse a levantar. Todas las madres del mundo, sobre la tumba de un hijo, esperan oír el crujido de las sábanas cuando se levantaba, los pasitos en la cocina para el desayuno. Es lo que oye María, a lo lejos: los lienzos doblados con cuidado y la piedra que rueda en silencio. *¿Tenéis algo de comer?* (Lucas 24, 41).

Dios nos pide que nos levantemos y vivamos, como el propio Cristo Jesús se levantó y vivió. En esta orden hay, pues, una invitación a imitarlo. A menudo no sabemos cómo hacerlo: ¿cómo amar como él ama?, ¿y perdonar como él perdona?, ¿cómo rezar como él reza? Al menos podemos levantarnos y caminar como él lo hizo. Estos pasos nos son más familiares. Pienso en un hermano que recorrió una provincia entera para encontrarse con los peregrinos que debía conducir a Lourdes. No todos tenemos esta capacidad, ni siquiera tenemos tiempo. Pero caminar como Jesús no es simplemente acumular kilómetros. Es residir en él. Es como una marcha extenuante por la nieve: empezamos poniendo cada uno de nuestros pasos en las huellas de quien nos precede.

CAMINAR EN CRISTO
«EL SEÑOR DIOS SE PASEABA»

Caminar en Cristo es adecuarnos a su ritmo, con paciencia. Hay una llanura en la montaña, sin camino. Podemos mantenernos en pie y caminar gracias a que lo hacemos sobre la nieve pisada por sus pies. De huella en huella, recortadas en el manto blanco. Es a la vez movimiento y estabilidad: *El que declara que permanece en él, tiene que caminar también como Jesús mismo caminó* (1 Juan 2, 6).

En algunas traducciones se lee: *Debéis comportaros como él se comportó*. Por supuesto que este pasaje puede entenderse así. Pero el verbo griego es *peripateô*, literalmente *andar*. Lo encontramos varias veces en los evangelios: *Levántate y anda*. Y también: *Jesús fue hacia ellos andando sobre el mar*. Es un verbo simple, concreto; mucho más que *portarse bien*. Caminar como Jesús es andar sobre las aguas, sobre el mar, sobre la muerte, con confianza y con fe. Es el mismo verbo que encontramos en el evangelio según san Juan:

> Jesús les declaró: «Todavía está la luz entre vosotros, pero no por mucho tiempo; caminad mientras tenéis luz, para que las tinieblas no os detengan; el que camina en tinieblas no sabe a dónde va. Mientras tenéis luz, creed en la luz: entonces seréis hijos de luz» (Juan 1, 35-36).

Caminar con Jesús o, más bien, caminar *en* Jesús, dejándose llevar por su marcha, es caminar en la luz; es caminar sabiendo a dónde vamos. Esto puede parecer contradictorio con la cita que hemos mencionado hace un rato, donde se dice de Abrahán que *partió hacia un país que debía recibir en herencia, y partió sin saber a dónde iba* (Hebreos 11, 8). Es que Abrahán caminaba en Dios, como nosotros caminamos en Cristo: no conocemos el camino, pero es como si ya hubiéramos llegado a la meta. Las etapas no importan. El país que nos espera es el Reino. Ese lugar es Cristo. El Hijo es nuestra herencia. Podemos partir a ciegas, porque sabemos dónde estamos y a dónde nos lleva él.

Este caminar en la luz no puede detenerse. Por supuesto que habrá pasos tenebrosos y lugares desérticos. Pero Dios da a los hombres su luz *para que puedan caminar de día y de noche* (Éxodo 13, 21). Es una marcha que no conoce el ocaso, que no conoce el tiempo. Es el movimiento divino, tan diferente del que marcha sin descanso, del que *adora la fuerza luminosa de su voluntad*, como escribía Bobin, como escribe Isaías a propósito del avance imparable de los ejércitos enemigos, en los que *nadie se cansa, nadie tropieza, nadie duerme ni dormita* (Isaías 5, 27). El caminar de Dios no consiste en invadir inexorablemente al adversario. Es el movimiento eterno de un paseo, como el del propio Dios en el jardín del Edén: *Oyeron la voz del Señor Dios, que se paseaba en el jardín a la brisa de la tarde* (Génesis 3, 8). Dios se pasea sobre el césped celeste, y nosotros nos paseamos sobre las aguas. Él disfruta de la brisa de la tarde, y nosotros cruzamos puentes de bruma en bruma. Nada puede impedirle venir a nuestro encuentro, pues *las tinieblas no pudieron retenerlo*. Y nosotros, mientras caminamos, tenemos la certeza de que lo encontraremos; cada mañana, *cuando nos visita el astro de lo alto para iluminar a los que habitan en tinieblas y sombras de muerte* (Lucas 1, 78-79), este mismo astro que vieron los discípulos durante la Transfiguración: *Su rostro se volvió brillante como el sol, y sus vestidos blancos como la luz* (Mateo 17, 2).

VIVIR ES SEGUIR
SU MOVIMIENTO

Como le sucede al sol, que se levanta y sale para iluminar la tierra, también nosotros tenemos nuestro ocaso. Gracias a la fe, sabemos que no cerraremos para siempre los ojos en la oscuridad. Nos levantaremos.

Si nuestro mundo ya no tiene palabras para conversar con Dios, reconozcamos que compartimos su pobreza y su indigencia. Por más que conozcamos a Dios, hacemos nuestras, con y para el mundo, las palabras de Ezequías: *¿Cómo hablaré para que me responda?* (Isaías 38, 15).

Las palabras, prisioneras en el fondo de nuestra garganta, no son ninguna fatalidad. Pueden necesitar tiempo para aparecer y encontrar quien las oiga. Tienen necesidad de fuerzas, de recursos, porque ciertamente es agotador hablar, incluso a Dios.

No obstante, hemos visto a un refugiado, a un basurero, a una mujer que pela verduras, a otra que anuncia la aurora, a un barrendero y a una panadera. Ninguno tiene una estatua en el coro de las iglesias. ¿Qué artista podría representar una mirada de fe o su recuperación provocada por una escucha? Todos ellos poseen la *voz del océano*, la de los abismos mudos, la voz misma de Dios. Pues él *guardaba silencio* (Marcos 14, 61). Si esta voz es nuestro refugio en periodo de angustia, es también un puente hacia nuestros contemporáneos.

Hay *un tiempo para callar y un tiempo para hablar* (Eclesiastés 3, 7). Cuando ya no conseguimos rezar, es que nos hallamos en el tiempo del océano y de la bruma, y está bien así. Es el tiempo en que Dios se da de otro modo, justo antes de que advenga su Palabra. Es un lugar de encuentro para todos aquellos que lo buscan sin conocer el lenguaje de los hijos de Dios. Es un tiempo de esperanza si confiamos en la promesa que sale de la boca misma de Cristo. Ella brillará para nosotros, y nosotros brillaremos para ella, el sol sin fin, en la contemplación eterna del rostro de Dios. Él nos lo dice y nos lo muestra: *Entonces los justos resplandecerán*

como el sol en el reino de su Padre. El que tie-
ne oídos, que oiga (Mateo 13, 43).

El que tiene ojos, que vea. El que tiene inteligencia, que piense. El que tiene voluntad, que quiera. El que tiene fe, que crea. El que se ha caído, que se levante y ande. Entonces, sólo entonces, el que puede, que hable.

ÍNDICE